－贾氏珍藏青铜器老照片－

吉金萃影

贾文忠 贾 树◎编

文物出版社

图书在版编目（CIP）数据

吉金萃影：贾氏珍藏青铜器老照片/贾文忠，贾树编．－北京：文物出版社，2016.9

ISBN 978-7-5010-4675-1

Ⅰ．①吉…　Ⅱ．①贾…　②贾…　Ⅲ．①青铜器（考古）－中国－商周时代－图集　Ⅳ．①K876.412

中国版本图书馆CIP数据核字(2016)第184955号

吉金萃影

贾氏珍藏青铜器老照片

著　　者：贾文忠　贾　树

责任编辑：许海意

责任印制：张道奇

装帧设计：谭德毅

出版发行：文物出版社

社　　址：北京东直门内北小街2号楼

邮政编码：100007

网　　址：http://www.wenwu.com

邮　　箱：web@wenwu.com

经　　销：新华书店

制版印刷：北京荣宝燕泰印务有限公司

开　　本：889×1194毫米　1/16

印　　张：29.5

版　　次：2016年9月第1版

印　　次：2016年9月第1次印刷

书　　号：ISBN 978-7-5010-4675-1

定　　价：500.00元

《吉金萃影》
贾氏珍藏青铜器老照片

编辑委员会

顾　　问：李学勤　李伯谦　朱凤瀚

主　　编：贾文忠　贾　树

撰　　稿：冯　峰　霍宏伟

统　　筹：许海意

英文简介：田　率

鸣　谢

山东虞盛文化发展有限公司董事长
董宝琦先生资助出版

贾氏珍藏青铜器老照片玻璃底版

The book is a catalogue of bronze ware images recording precious collections of Jia Family, famous family good at recovering bronze wares in Beijing. Mr. Jia Yubo is the founder of Jia Family's career of bronze ware recovery. These photos are image materials reflecting bronze wares recovered by Mr. Jia in 1940s. Now, most of these bronze wares have been drained away overseas, difficult to see, so the materials seem especialy precious. The book included 374 photos, artifacts that roughly around 700 pieces. The book has important value as material. Besides, the author denominates and dates the wares in photos. He also describes the process of hand down and makes comprisions between old and new situations, which makes the book a very important monograph of bronze ware research.

凡例

本书收入青铜器老照片370张式（其中附录4张）。器物相同、拍摄角度不同的照片用一个编号，实际编号 001～333；附录照片编号 F1～F4。

照片中的器物，最少1件，最多14件。绝大多数为青铜器，还有少量的金银器、铁器、陶瓷器等。

图版编排以照片所摄器物数量为序，少者在前，多者在后。器物数量相同之照片，根据器类排序：只一件者大致依据《殷周金文集成》之器类顺序；两件以上者，器类一致的（如器物全为鼎）居前，照片和同一照片内器物的排序也大致依据《殷周金文集成》。

图版呈现以玻璃版原照片为准，个别器物倒放、侧放亦不做更改。

图版只标注编号，不注明照片所摄器物之信息；器物详细情况在图版说明中介绍。

每个编号的照片有一个文字说明。文字说明附有照片缩略图，若该编号有两张以上的照片，则只取其中第一张。

图版说明因排版设计需要，未完全按照照片编号之顺序。

图版说明之标题列举照片中的器物，只一件或两件者写出详细器名，三件以上者因空间所限，只写出器类名。一般情况下依次介绍每一件器物，个别情况下合并或统一介绍。

器物主要介绍分三项内容：器名、基本信息和简要说明。器名为详细器名，大致按通行命名法定名；基本信息用楷体字，能查到去向或著录情况的器物依次列出其时代、尺寸、著录信息和收藏信息，其他器物只列出时代；简要说明用仿宋字。文字以简化字体为主，个别没有对应简体字者则繁体书之。

器物均不早于商代。商代分前、后两期，商代后期即商文化殷墟时期；西周、春秋、战国均分三期，分法大致按通行惯例；汉代之后一般不细分，在简要说明中尽量做细致断代。

器物的尺寸来自著录信息中所列书刊，当书刊所说尺寸数据不一时，在所采数据后标明其来源。

著录信息所列书刊皆为简称，为中文者加"《》"，英文则设为斜体；具体信息参看"引用书简称表"。

收藏信息以现在为时间基点。第一次出现的欧美博物馆和收藏家译名后加英文原称。必要时交待博物馆和收藏家收藏此器物的时间。

照片中器物若确定为已知某器，或与某器近似疑为同一器，或与某器相近可做参考，设"附图"以做比较。若一个编号只有一个附图，则编为"附图XXX.1"；若有两个以上的附图，则依次编为"附图XXX.1""附图XXX.2"……（XXX为照片编号，但省略实际数字前的0）。

序（一）

我第一次有机会看到贾文忠先生珍藏的古代青铜器老照片和玻璃底版，算来已经是20年前的事了。1995年，我应贾文忠先生之邀，到他的寓所铜斋，蒙以一部分照片底版赐示。这些材料的丰富精彩深深吸引了我，诧为奇观。当时贾文忠先生谈到希望能把这些照片辑成图录出版，我极为赞成支持，同时也觉得这需要做大量整理研究的工作，不是短时间能够完成，特别是他日常任务繁重，实现这一理想谈何容易。但我没有想到，贾文忠先生与其哲嗣贾树镔锲而不舍，通过多年努力，终于编成这部厚重的《吉金萃影》，现在即将由文物出版社印行，实在是值得祝贺的。

应该指出，青铜器老照片传世数量甚少，尤其玻璃底版更是难于保存，所以我们必须认识到这批材料自身已经是珍贵文物了。至于将之汇编为《吉金萃影》，其价值和意义，窃以为至少有下列三个方面。

首先，记录流散器物。

青铜器是中国古代文物最重要的门类之一，实际上早在秦汉以前，也就是青铜器仍在使用流行的时候，已经备受当时人们的珍视。唐宋以后青铜器的收藏蔚为风气。及至清末以至民国时期，社会陷于动荡，盗掘、私掘青铜器盛行，大量珍贵器物出土后流散到各地，其间精品多散播到国外，如日本、欧美，为数实难确计。这一时期著名的青铜器出土地点，可以举出：殷商青铜器有河南安阳殷墟；西周青铜器有陕西宝鸡斗鸡台、戴家湾，河南洛阳马坡，河南浚县辛村；春秋青铜器有河南新郑李家楼；战国青铜器有河南浑源李峪，河南洛阳金村，安徽寿县朱家集。这些地点（李家楼、朱家集除外）的青铜器精品，大多已流藏国外。当时究竟多少青铜器经过所谓"洋庄"散出，目前留存在什么公私藏家，是学术界迫切需要了解的问题。《吉金萃影》的老照片及其编纂工作，为此找出了不少宝贵线索。

其次，提供研究资料。

经过众多专业学者的共同努力，近年青铜器研究已发展到新的阶段，取得许多重要成果。最近我在北京大学一次青铜器及金文的研讨班上讲过，青铜器研究新阶段不同于过去的一个特点，就是以考古发掘材料中作为主要的基础，从而导入考古学的方法和手段。考古发现的青铜器，有出土记录，有层位关系与伴出器物，这些当然和流散的青铜器有别，但是还必须说明，这绝不意味着非考古所得的青铜器就不重要了。

这一点，可以从量和质两方面来说。由著录文献可知，自宋朝以来，青铜器的发现数以万计，有图像记载可查者，数量恐过于近几十年考古工作所得。至于散藏各地，还没有为学者所知的，便更不必说了。还必须考虑到，青铜器有相当大的部分是古代匠师的创造，与其他艺术品一样，凝聚着他们的智慧和心血。若干精美绝伦的杰作，每每是独特的，不会重复出现。有些非常珍贵的器物，一旦消失，就没有可能找到替代。《吉金萃影》中相当多的器物，目前已难寻出它们的踪迹，有的或许业已无存，要想研究，只能依据这些珍贵的照片。

第三，体现修复成果。

我曾经多次说过，好多人习惯于在博物馆的橱窗里观赏青铜器，每每以为青铜器出土时就是那样形制完整，纹饰明晰，铭文清楚的，这实在是一种误解。青铜器在地下埋藏两三千年，发现时完好光洁的甚少，大多数是锈蚀遍体，破碎残损，甚至成为一堆碎片。不经过修复，研究和鉴赏是看不到的。《吉金萃影》照片里所见种种精美器物，都是修复工艺专家苦心孤诣工作成果的展示。

在这里，我愿向读者特别推荐附印在《吉金萃影》中的贾文忠先生《贾氏珍藏青铜器老照片二三事》一文，这篇文章也发表于《文物天地》2014年第11期。许多关心青铜器的人知道，贾文忠先生一家是北京"古铜张"一系青铜器修复工艺的嫡传，但其间渊源传承的细节，行外实难了解，贾文忠先生长期关心修复工艺的历史，前些年已写过《老北京青铜器修复"古铜张"派源流考》《王德山小传》等文（俱收入《贾氏文物修复之家》一书），现在这篇《二三事》，结合老照片的积累流传，系统记述了青铜器修复工艺的种种事迹和有关人物，都是关注青铜器者应当知道的，请大家不要错过。

李学勤

2015年8月2日于清华园

序（二）

　　从距今约四千年前的夏代至距今约两千四五百年前的战国，是中国的青铜时代。在长达一千五百年的历史长河中，青铜冶铸技术日臻完善，青铜制品运用到了社会生产生活的方方面面，对于推进社会进步、提高社会文明程度发挥了重要作用。即使到了铁器时代乃至更晚的历史时期，青铜器的制造和使用，仍然连续不绝。有鉴于此，古代先民留下的具有历史价值、艺术价值和科学价值的青铜制品，就成为人们进行历史研究、艺术鉴赏和收藏的重要对象。不过，天长日久，由于自身和环境的变化，从地下挖出来的青铜器大多锈蚀严重或残破不堪，很少能看出保持原来形状和色彩者，于是对青铜器进行修复、复制的技术和从业者便应运而生。早在商代，就有针对青铜器的铸造缺陷而出现的修补技术、以冥器为代表的依照实物复仿的技术，这都可以看做是从宋代金石学出现以来逐渐成熟起来的青铜修复技术的滥觞。以后，随着经验的积累和技艺的精进，不断涌现了一代又一代技术大师，甚至出现了修复世家。而且，由于师承的区别，还形成了各有绝活和风格的不同门派。珍藏这批青铜器老照片的工艺大师贾玉波，即是出于清末内务府造办处青铜器修复高手于师傅的再传弟子、人称"古铜张"的张泰恩的再传弟子王德山门下。

　　贾玉波，河北省束鹿县人，1923年12月17日生。13岁来到北京琉璃厂，投到王德山门下学习修复青铜器。40年代初出师自立门户，专门为著名古董商黄浚（黄伯川）开的尊古斋修复铜器。铜器修复前大多残破，有的会碎成几十片甚至上百片，修复时需要反复揣摩，寻找其内在联系规律，然后才能细心拼对，粘接复原成整器。一件器物，少则几天，多的要花十几天甚至上百天功夫，这里凝聚了修复者大量的心血和智慧，一件修好的铜器就是一件新生的艺术品。铜器修好后，一般都会拍照留存资料。贾玉波就是这样的有心人，在他从事铜器修复的一生中，就留下了许多这样的老照片。至今，在他儿子也是铜器修复高手贾文忠手上，还有300多帧玻璃版底版和近500张照片。当时胶片价格昂贵，为节省起见，常常是几件器物合照一张，这样计算，经贾玉波大师修复且留下影像的青铜器至少也有一千多件。经贾文忠初步清理辨识，大部分是商周时期的青铜礼器、乐器、兵器，有方鼎、圆鼎、分裆鼎、簋、鬲、甗、方彝、瓿、爵、斝、尊、罍、壶、盉、盘、匜、钟等，也有秦汉以来的镜、熏炉等，其中许多国宝级珍品包括人面盉等已流出海外。实物虽然散失，但这批老照片，无疑仍是研究青铜器修复技术、鉴赏、收藏以及流散历史的珍贵资料。正如贾文忠在此书篇首《贾氏青铜器老照片与老照片相关的二三事》一文中所言，"通过这些老照片，不仅可以初步了解到这些青铜器大约的出土年代，还可以追索这些青铜器由谁修复或去锈的，大约是通过什么人，在什么时侯流传到国外的。这最原始的也是最真实的历史真迹，不仅记录了这些青铜器的过去，也为今后的青铜器研究提供了佐证"。文物出版社慧眼识珠，玉波先生哲嗣积极配合，决定出版这批老照片，实乃学界幸事。借此机会，谨表真诚的感谢和祝贺！是为序。

李伯谦

2015年7月于北京

《吉金萃影》初读

《吉金萃影》是一本青铜器影像图录，所收入的青铜器照片非常珍贵。这些照片上的青铜器均是著名的青铜器修复大家贾玉波先生所经手修复过的，拍摄年代在20世纪20至40年代。为所修复过的青铜器留影，并汇集成书，性质类似于"经眼录"。

在文物、古籍这个圈子中，老一代的专业人士，将自己收藏或经手过的文物，编成"经眼录"，惠于艺林，其资料、心得均会得到行内专家的重视。有名的例子，如孙殿起先生的《贩书偶记》。贾玉波先生在青铜器修复方面师从张泰恩先生的高足王德山先生，不仅学得一手高超的青铜器修复技术，更继承了为积累修复经验而拍摄修复过的青铜器的好习惯。现在收入这本图录的三百余张照片（有的是玻璃版底片）仅是贾玉波先生所拍摄过的器影中一小部分。那么，这本影集对于中国青铜器的研究究竟有哪些意义呢？我想，至少有如下几点：

其一，这些青铜器的修复年代，即20世纪

20～40年代，正是我们国家经历剧烈社会动荡的时期，大批非经考古发掘而出土的青铜器在此种历史背景下，通过不同渠道流散到国外。迄今为止，我们尚未能掌握存于海外公私收藏家的中国青铜器档案性质的资料，除少数名品外，绝大多数器物流出的年代与其来源并不清楚。鉴于当时在北京青铜器修复行业所享之盛名，古董商与收藏家们送至贾先生所在名为"古铜张"的作坊中的青铜器不在少数，而收进本图录中的器物已知有相当大的比例存于海外，赖此图录可大致得知其流转出国的年代及出土年代，使其"身世"问题得以知晓，起到了恢复历史记忆的重要作用。

其二，传世中国青铜器的辨伪、鉴定始终是青铜器收藏与研究领域最受到重视的专业性工作。特别是在20个世纪前半叶那种特殊的历史环境中，伴随着私掘文物之盛行，作伪行业亦相当活跃，这使得辨伪的必要性尤其突出。由于当时从事青铜器修复的老一代专家不仅有着极高的修复技术，而且在长期同出土青铜器的接触与修复过程中积累了丰富的辨伪专业知识，凡经过他们亲手所修复的器物，可以说绝大多数是可靠的，这就使收入本图录的器物有了专家鉴定的保障，其可信度自然大大提高。当然，也正由于这些专家手艺高超，旧中国的他们为了谋生而仿制的器物也会为今日辨伪增加复杂性，这也是要指出的。只是本图录中的青铜器影像是经过贾玉波先生特意保存的所修复过的器物档案，不会存在这类问题。

其三，青铜器在出土时（或出土前）多数会受到程度不同的损伤，出土后必须要经过修复才能保存，所谓"十器九修"。而损伤程度不重，又经高手修复过的器物，从表观上几乎看不出残损，因而并不影响其收藏、展示与研究的价值，这是与其他类文物藏品（如瓷器、玉器、漆器等）有所不同的。但是作为文物，一件青铜器在出土时是否残损，是否经过修复，仍是这件文物的档案中必须有所记载的事情，而本图录是所收众多青铜器曾经修复的证明，为海内外研究者对这些青铜器进行研究、保护与与科学利用提供了可靠的背景材料。

其四，对本图录中所收青铜器的来源、出土地，以及其中一些器物具体是在何时，通过何种渠道流到国外这些问题，因编撰时贾玉波先生年事已高且患脑病，未能附有详细记录，这确实非常遗憾。但其哲嗣贾文忠先生在书前所写回忆中仍提供了一些这方面的信息，这是难能可贵的，其中颇有启示性的可发人深思的问题。

其五，如果说还有什么意义需要指出的话，那就是，本图录也有助于了解、研究老北京以"古铜张"为代表的青铜器修复业的专业水平、发展状况，这是极少数能保留下来的有关旧中国文物修复行业的实物资料，故尤值得珍视。

以上所归纳的五点学术意义，本书出版后，将在海内外公私收藏机构与专家学者们对本书作多方面的研究过程中得到彰显。

本书的编者贾文忠先生系贾玉波先生哲嗣。多年来为了编好本书，使这部分极为珍贵的照片、底片能得到科学利用而付出了相当多的精力。除了这些照片本身所具有的重要价值外，文忠先生所作工作中有两点尤值得重视。一是，他所写的"老照片相关的二三事"，有许多有关老北京青铜器修复业的历史及经营青铜器买卖的著名古董商之经历的信息，读起来甚为生动，亦颇长知识。二是，本书所附"图版说明"非常精彩。不仅依据考古发掘资料与青铜器的器型学知识考订了器物的年代，而且多数附有可兹对照的形近器物图，便于对器物年代的认定；属于成组器物者，则详举同组器物之所在；凡器物今所在知其下落者，亦均详细说明其著录情况，并附有更为清晰的器形与铭文拓片（而铭文之刊录则弥补了本书这方面的缺失）。其中尤体现功力的是，凡能查实已流至海外的青铜器之辗转收藏过程与现藏处所亦均考订得相当准确。因此，这一"图版说明"为对本图录所著录的青铜器作研究提供了方便，极大地提升了本图录的资料性与学术性。

由于时间关系，笔者对于本书所载青铜器资料还只是初读，尚未及做细致的研究。书中部分器物迄今尚未知其下落，有不少可能也已流至海外。相信随着近年来开展的对海外收藏中国青铜器研究工作的深入，将会提供更多有关本图录所收器物的新信息。

书中有不少使我比较感兴趣的内容，比如现藏于美国佛利尔美术馆的人面盉（090）是一件著名的青铜器。从本书中可知，这件器物在出土后曾经贾玉波先生修复，而文忠先生在其所写《贾氏珍藏青铜器老照片二三事》中回忆，老先生曾云"这件人面盉是通古斋从河南彰德府人手中买到"。所谓彰德府亦即今安阳，如果是这样，那即是说这件器物很可能出在殷墟。但现所知殷墟出土的青铜器中有人面形象造型的并不多，而且像这种形制很别致的带管状流的器物也出土得很少，所以研究者多以为此件器物当出在南方。检视殷墟出土的器物，如西北岗M1400大墓所出土青铜人面，其眉毛的表现方法与双耳外侈的形象倒是与本器物人面极似，只是本器物面相更具滑稽性。殷墟妇好墓出土的玉器中有玉人与玉人头、玉人面饰件，其面部形象倒是与此人面盉有近似处，比如肥大的鼻翼、厚嘴唇等。故从人面造型看，此件器物与殷墟的青铜工艺似不无关系。当然这个问题随着今后新资料的发现可以再作进一步的研究。

又如，另一使我感兴趣的内容是，书中有不少商后期北方式青铜器的照片，特别是有兽首与三凸钮及五凸钮环首刀，而五凸钮环首刀在目前考古发掘出土的资料中尚未见到。这些器物反映了商后期北方族群与商王国通过战争等方式曾有过的密切接触与文化交流。书中有一件"龙纹弓形器"（122），图版说明已指出这种器首作圆勺状（或称"蹄首"）的弓形器曾出土于小屯M238，只是小屯M238所出土的此型弓形器是素面的。以往研究者曾指出，小屯M238这件弓形器在殷墟所出诸型弓形器中年代较早，而且从形制看要早于小屯M5（即妇好墓）出土的同型器（虽然M238年代近同于小屯M5）。但本书刊载的此件与小屯M238形近的弓形器背面饰有"瓶角"龙纹，此种纹饰已属典型的殷墟文化工艺传统，所以这件弓形器可以认为是商人仿造的弓形器中年代较早者。

本书提供的青铜器资料异常丰富，无论对于青铜器做多层面、多角度的研究，还是对于完善海内外所藏中国青铜器的档案记录，了解中国青铜器出土与流传的历史，都是相当有价值的。这是作为"贾氏文物修复之家"第二代传人的贾文忠先生对中国青铜器研究所作的新贡献。相信此书的问世，会受到与中国青铜器研究、收藏有关的海内外诸家的欢迎与重视。

朱凤瀚

2015年5月24日

吉金萃影

贾氏珍藏青铜器老照片
与老照片相关的二三事

◎ 贾文忠

"贾氏文物修复之家"收藏有一批民国时期青铜器玻璃版底片及老照片，那是老一代青铜器修复专家、我的父亲——贾玉波先生及其师爷王德山老先生上世纪20～40年代修复过的商周时期青铜器的部分玻璃版底片和照片。目前留下的较为完好的资料影像照片大约有500余张，器形完整的青铜器玻璃版老照片370余张，记载了上千件经父亲师徒之手所修复过的青铜器，其中不乏珍贵的青铜重器。遗憾的是，更多的底片和照片因保管不善而破损、丢失，照片中的青铜器也大多流失海外，被收藏在世界各大博物馆和部分私人收藏家手中。

半个多世纪过去了，这些玻璃版底片和照片一直伴随着我，每当翻看到它们，我就会不由自主地联想起父辈们所从事的青铜器修复工作，许多与之有关的往事也都浮现在眼前。

一、老北京青铜器修复业的渊源与老照片的来历

提起这些底片和老照片的由来，还得先从民国时期老北京的青铜器修复业说起。

文物修复技术，一向被视为我国传统工艺的一个重要组成部分，文物修复工作人员常常被称为妙手回春的"文物医生"。这些有着精湛技艺，个个身怀绝技的文物郎中们，通过清理、保养和修复，能够逐一让那一堆堆锈迹斑斑、残缺不全的文物重现出往日的神韵。

民国时期，青铜器的修复与复制非常兴盛。当时，最有名的是以江苏苏州、山东潍坊、陕西西安、北京等为代表的四个民间青铜修复流派。古董商人们称其复制的青铜器为"苏州造"、"潍县造"、"西安造"和"北京造"。

老北京青铜器修复行业的创始人，是位

清宫造办处的太监，此人姓于，外号"歪嘴于"。那时的清宫造办处内有很多种手艺人，其中有八个巧匠手艺最高，人称清末"八大怪"。"八大怪"中修复古铜器的一怪就是"歪嘴于"。清朝最后一位皇帝溥仪退位后，"歪嘴于"也出了宫，在前门内前府胡同庙内（今人民大会堂附近）开了个叫"万龙合"的作坊，专门修复古铜器。于师傅先后收了7个徒弟，其中一位叫张泰恩（1880~1958年），是于师傅最小的徒弟。

张泰恩先生

1893年，13岁的张泰恩从河北冀县良心庄老家来到北京，拜"歪嘴于"为师。张泰恩在家中排行老七，在师傅门下也排行第七，所以，人称其"张七"。1911年，于师傅去世，张泰恩为其发丧，并继承了师傅的衣钵，将"万龙合"改名为"万隆和古铜局"，局址仍在前府胡同庙内，主要业务是为琉璃厂古玩商修复青铜器。

后来，张泰恩将"万隆和"迁到东晓市，生意兴隆，大批古玩商前来修理青铜器。由于业务繁忙，张泰恩也开始招收徒弟。30年内，"万隆和"共收了11位徒弟，开创了北京"古铜张"青铜器修复业。

张泰恩的徒弟之一是其亲侄子张文晋（号济卿），人称"小古铜张"。张济卿出生于1902年，13岁学徒，学成后也带了7名徒弟。除侯振刚、贡聚会、冀永奎在解放后改行外，其他几位徒弟仍坚持青铜器修复老本行，其中，李会生、赵振茂工作在故宫博物院，高英、张兰会工作在中国历史博物馆。

张泰恩的另一位高徒是13岁开始学艺的王德山（1911~1989年，祖籍河北衡水小巨鹿）。由于王德山的手艺在北京的古玩界中首屈一指，他不仅能将破损的铜器修理完好，而且还能根据不同国家客人的

王德山先生

不同喜好，将其做成洋庄货（与外国人做的生意，俗称洋庄生意，与外国人交易的商品俗称为"洋庄货"），如法国庄（多绿漆骨）、英国庄（多绿漆骨）、美国庄（多黑漆骨）等，所以，通古斋的铜器大多都交给这位北京"古铜张"的第二代传人——王德山和他的徒弟们修复。

北京"古铜张"派世系表
（1940年前）

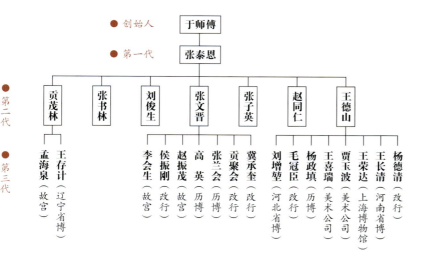

- 创始人　于师傅
- 第一代　张泰恩
- 第二代　贡茂林　张书林　刘俊生　张文晋　张子英　赵同仁　王德山
- 第三代　
  - 贡茂林：孟海泉（故宫）、王存计（辽宁省博）
  - 张文晋：李会生（故宫）、侯振刚（改行）、赵振茂（故宫）、高英（历博）、张兰会（历博）、贡聚会（改行）
  - 张子英：冀承奎（改行）
  - 王德山：刘增堃（河北省博）、毛冠臣（改行）、杨政填（历博）、王喜瑞（美术公司）、贾玉波（上海博物馆）、王荣达、王长清（河南省博）、杨德清（改行）

北京"古铜张"派贾氏传承表

- 贾玉波
  - 贾文进
  - 贾文忠
  - 贾莉莉—郭玢—贾树
  - 贾新
  - 贾文珊
  - 贾文熙—贾汀
  - 贾文超

据父亲讲，师爷王德山1927年出师自立，有一个习惯，就是对凡是经过他们师徒之手修复过的每一件青铜器都要拍照留存。当时的照相技术是从日本引进的，设备和胶片价格都非常昂贵，所以，很多照片都是数件青铜器放在一起合拍。可惜的是，他们只拍摄了修复后的文物，而没有留下文物修复前的原始照。这些照片的数量应该有上千张，由于时间较长，玻璃版不好保存，有破的，也有着水的，目前家中所存比较完好的就只剩这些了。

当年陈梦家先生编著《美帝国主义掠夺我国殷周铜器集录》时，曾花60元从父亲那里挑选了800余张，其中的部分照片被选用在该书之中。

1954年公私合营初期，师爷王德山与几位徒弟开设的古铜作坊改为北京特艺公司文物加工部（仍在琉璃厂街），后来又划归北京市文物商店，国庆十周年期间，北京市文化局又将其归并至北京市美术公司。

王德山所带的徒弟中，刘增垄工作在河北省博物馆，杨政填工作在中国历史博物馆，王喜瑞、贾玉波工作在北京美术公司，王荣达工作在上海博物馆，王长青工作在河南省博物馆，毛冠臣、杨德清改行。

不会饿肚子。就这样，父亲成了民间青铜四派中北京派"古铜张"的第三代嫡传。由于父亲勤奋好学，逐渐掌握了高超的修复技艺，很快就成为王德山最为信任的高徒。那时，凡是经过"通古斋"出售的青铜器都要先交到师爷王德山和其徒弟——我的父亲手中去锈、整理、修复，这样，也就有了老照片中上千件修复完好的青铜器。世事变迁，很多过去的材料都已流失了，唯有这些记录着父亲和他的师父、师兄弟们心血的青铜器老照片被有心的父亲精心地收藏并保留了下来，成为那个时代青铜器修复的历史见证，也为后人研究青铜器修复留下了宝贵的历史资料。

父亲不仅精于修复铜器、金银器、陶瓷器、石器，而且对翻模、铸造、錾刻、鎏金、鎏银等技艺也都样样精通。40年代初学成自立后，一直为琉璃厂的古玩铺修复青铜器。1947年参加革命，并以修复古铜器为掩护，为北平南城地下党收集和传递情报，解放初期进入北京市军管会工作，后被派到北京市粮食局任粮食加工科长。

1959年，刚刚落成的北京十大建筑之一的中国革命历史博物馆和中国革命军事博物馆，为满足陈列展出要求，急需大批文物修复工作者对众多的文物进行修理、复制。在有关方面的邀请和师傅的召唤下，父亲辞去了粮食局的干部职

二、贾氏文物修复之家与老照片的情缘

父亲贾玉波1923年12月17日出生于河北束鹿县，2001年逝世。1937年6月17日，不满14岁的父亲由其嫡亲姑夫、"通古斋"的掌柜乔友声从河北老家带到北京琉璃厂，并被安排跟随自己开作坊的王德山师父学习铜器修复手艺。姑爷认为，王德山手艺好，名声大，跟着他学，一定

70年代全家福

"贾氏文物修复之家" 传承表

第一代：贾玉波（1923.12.17～2000.2.10）　新中国第一代文物修复专家。

第二代：贾文超（1948～）　故宫博物院副研究馆员、青铜器修复专家。
　　　　贾文熙（1950～）　原西安市文物保护考古所，现为首都博物馆特聘文物修复专家。
　　　　贾文珊（1953～）　精通青铜器修复、复制。
　　　　贾　新（1956～）　改行。
　　　　贾莉莉（1959～）　汲古阁文物商店。
　　　　贾文忠（1961～）　原首都博物馆，现为中国农业博物馆研究馆员，文物修复、鉴定专家，全形拓传承人。
　　　　贾文进（1963～）　北京市美术公司文物复制厂。

第三代：贾　汀（1977～）　贾文熙之女，首都博物馆从事纺织品修复与保护工作。
　　　　郭　玢（1986～）　贾丽丽之子，首都博物馆从事古书画修复与保护工作。
　　　　贾　树（1987～）　贾文忠之子，国家博物馆从事青铜器修复与保护工作。

贾玉波复制青铜器龙虎尊

务，加入到美术公司，重操旧业干起了文物修复工作。从50年代末到"文革"后期，一直为中国历史博物馆（现在的国家博物馆）"中国通史陈列"修复、复制文物，80年代初退休。

父亲晚年患脑血栓，很多往事都记不清了。当我拿着这些老照片向他老人家询问它们背后的故事时，父亲只能隐隐约约地回忆起一点点。他说，照片中的人面盉是40年前后为通古斋修复的。这件人面盉是通古斋从河南彰德府人手中买到，当时铜盉周身布满铜锈和胶泥，花纹模糊不

清。由于器形特殊，过去从没有见过，为了卖个好价钱，姑爷爷乔友声便将铜盉交给父亲和师爷王德山一起整理。当时，由王德山师爷指导，我父亲动手。经过师徒二人的仔细洗刷，人面盉精美的花纹全部露了出来。由于深埋地中，日久天长，有些地方的皮色已经不太好看，父亲便根据师爷的交待，重新做了些漂亮的地子，再将一些地方作上锈。经过几番整理，原来的生坑人面盉就变成了后来的传世熟坑精品。修整完毕后，王师爷嘱咐父亲翻制模具，并拍下多面照片，以供日后复制用。据说这件人面盉经修复后，由北京"同益恒"古玩店的萧延卿、陈鉴塘经手，以13.5万元大洋的价格卖给上海的古玩商人叶叔重（与卢芹斋合作的民国文物商人吴启周的外甥）。后来，叶又将其运往美国的"卢吴公司"。

40年代初，父亲和师爷曾做过人面盉的复制品。为了好卖，他们将复制的人面盉盖内及底内各刻上了6字铭文。虽然铭文是拼凑的，但作伪极其逼真；花纹、铭文錾刻水平高超，一般人很难辨其真伪。

父亲一生老实敦厚，致力于青铜器修复和技艺传承，他和他的后人们在青铜器修复、仿制和鉴定等方面见闻之博、经验之丰，少有伦

比。"贾氏文物修复之家"为我国的文物修复做出了较大的贡献。

三、青铜器老照片引起海内外共同关注

1995年，时任中国社会科学院历史研究所长、著名青铜器专家李学勤先生专程到我的住所——铜斋，仔细观察了这批尘封已久的玻璃版底片和老照片，给予了很高的评价，并建议适时出版，彰显世人。

李学勤在铜斋观看老照片

1999年7月11日，《中国文物报》发表了我写的一篇题为《"海外遗珍"引出的故事》。此文发表后，受到了很多同行的关注，掀起了一场"海外遗珍"热。为此，《中国文物报》特地开辟"海外遗珍"专栏，由本人以"铜斋主人"署名，撰写了10篇短文。本欲以此抛砖引玉，但因烦杂事情太多而未能坚持下去。现在想来，真有些对不起该栏目。

此事过后一年多的某一天，我突然接到《中国文物报》编辑朱威先生的电话，称故宫博物院金石组研究员林晓安先生来电打听《"海外遗珍"引出的故事》的作者，并告知美国佛利尔美术馆、沙可乐美术馆东方部主任苏芳淑女士翌日到京。来华前，苏女士电传国家文物局外事办，提出：一想会见本文作者贾文忠，二欲购买《贾氏文物修复之家》一书。因外事办主任外出，此事交由故宫金石研究专家林晓安先生办理。接到电话，我回复说："本人就不必见了，书可赠送给她。"因苏女士第二天要到故宫金石组参观，我嘱在故宫科技部金石修复组工作的长兄——贾文超将书转为赠送。

第二天，国家文物局文物保护司宋新潮副司长（现国家文物局副局长）陪同苏女士到故宫金石组参观，大哥将《贾氏文物修复之家》一书送上，并转达了我的意思。但是，苏女士坚持要面见我本人和我文中提到的玻璃版青铜器照片。大哥只好将我电话告之于她。当晚，苏女士即电话我，说她在美国非常关注《中国文物报》，去年在报上见到了我写的文章，同时得知《贾氏文物修复之家》一书出版，非常想得到一本《贾氏文物修复之家》，并亲眼看看佛利尔美术馆收藏的中国青铜器原始照片。这次到中国来的目的之一就是想了此心愿，并提出到我家拜访。由于我蜗居单位福利房，不便接待外国客人，便提出到她下榻的酒店见面。

第二天晚上，我如约前往皇冠假日饭店。那天，苏女士还约了中国社会科学院考古研究所原副所长、商周青铜器研究专家张长寿先生。初次见面，一番寒暄之后，我将近年来出版的由我撰写的《贾氏文物修复之家》《文物修复与复制》《贾文忠谈古玩赝品》《文物修复适用技术》等著作以及我编辑的《文物修复研究》赠予苏女士及佛利尔美术馆。接着，便开始当天的正题——观看海外遗珍青铜器照片。

我取出带来的装有400余张照片的相册，首先映入眼帘的就是前面提到的"人面盉"的6张照片。苏女士非常肯定地说，这件"人面盉"目前收藏在美国佛利尔美术馆。第二页的照片是一只"斝"，苏女士说，这件文物现被美国大都会收藏。第三页的青铜器收藏在沙可乐……就这样，我一页一页地往后翻，苏女士一件一件地指出它们的收藏地点。这些收藏地有美国，也有欧

贾树在美国佛利尔艺术馆观看人面盉

洲。不仅如此，苏女士还能准确地告知每一件文物曾在什么媒体上发表过。这些照片中，有10件以上有着显著自身特点的青铜器被确定收藏在美国佛利尔美术馆。其它如鼎、爵、觚、钟、壶等有着其他青铜器相同特点的青铜器，美国几家博物馆都有收藏，所以，难以判定是否就是底版或老照片中的这一件。苏女士说，这些照片上的青铜器，很多器形，解放后就没有出土过。其价值之高，大多数都够得上是国宝。

我告诉苏女士，李学勤先生也曾看过这批底版和老照片。李先生建议最好找到这些器物现在的收藏地点，再编一本《海外遗珍》。苏女士表示，如果编书，愿意帮忙，美国几家博物馆收藏的均可帮助落实。

通过这些照片，不仅可以初步了解到这些青铜器大约的出土年代，还可以追索这些青铜器由谁修复或去锈的，大约是通过什么人、什么时候流传到国外的。这最原始的，也是最真实的历史真迹不仅记录了这些青铜器的过去，也为今后的青铜器研究提供了佐证。

一个晚上的交流，我感觉苏女士对中国商周青铜器了如指掌，尤其是对美国和欧洲几家博物馆收藏的青铜器，更是如数家珍。后来，我从张长寿先生处知晓，苏女士原籍香港，早

年在哈佛大学攻读"艺术史"，博士毕业后到美国佛利尔和沙可乐博物馆研究中国青铜器、玉器已有20余年，著作有《沙可乐藏青铜器图录》第三卷《沙可乐藏东周青铜礼器》《北方草原青铜礼器》《孔夫子时代的音乐——曾侯乙编钟》等。难怪她看到《中国文物报》的一篇文章就如此的重视。她对青铜器研究的这种敬业精神，是我和我的同行们应当学习的。

今天，在文物出版社的鼎力支持下，李学勤先生的建议得以实现，父亲等老一辈文物修复工作者的创世再生杰作几十年前的风采也得以面世。岁月悠悠，人走物离；国之重宝，只留萃影。

四、与老照片相关的人和事

1. 黄伯川（1880~1952年）。名濬，字伯川，湖北云梦人。其叔父黄兴南因进京赶考名落孙山而留在了北京，在琉璃厂附近安澜营开设私塾馆，光绪二十三年（1897年），又在琉璃厂开设了尊古斋古玩铺。因黄兴南膝下无子，便将侄子伯川接来北京，送入京师同文馆读书。

黄伯川先生

黄伯川在同文馆读书8年，成绩优秀，通晓德、英、法三国语言。毕业后，进入德国奇罗佛洋行做译员，兼在尊古斋做古董生意。

宣统二年（1910年），黄伯川接替叔父经营尊古斋古玩铺。与当时的金石藏家、画家、鉴赏

家以及清室王公贵族交往颇深。黄经营金石、陶瓷、古玉等文物长达40年，过手的精品不计其数，因此发了大财，人称"黄百万"，是名扬南北古玩界、琉璃厂有名的"三大财主"之一。老古董商中不少人说，黄伯川聪明过人，且胆大心细，不怕吃官司，敢买太监从宫里和王府里拿出来的东西。

1928年，东陵盗案件发生，黄伯川因参与倒卖东陵文物被投入监狱，1930年被释放。黄伯川出狱后不久，便将尊古斋关闭，并从西琉璃厂搬到东琉璃厂，在一家最大的旧书铺宝铭堂旧扯上开设了通古斋。为防溥仪借日本人势力追究其倒卖东陵文物一事，自己不出面经营古董铺，而是让他的徒弟乔友声担任了经理，其子黄金鉴（字镜涵）负责管账。1945年通古斋由黄金鉴经营，直到1956年公私合营。

黄伯川不仅是位古董商，还是位研究商周秦汉青铜器的专家和考证金文、甲骨文的学者。他在经营金石文物的同时，注重考证研究商周秦汉铜器的造型、花纹，尤其是对铭文的研究更加感兴趣。与我国著名考古学者郭沫若、马衡、罗振玉都有交往。

1899年，河南安阳小屯村及其周围的殷墟上发现了占卜用的甲骨刻辞。1910年黄伯川将甲骨上的文字与商代铜器上的铭文进行比较，发现金文同甲骨文相近，并与清廷学部参事罗振玉对这一问题进行了研讨。此后他还为一些专家学者提供了商代青铜器上的金文资料和河南安阳出土的白陶片和龟甲兽骨。

黄伯川一生酷爱文物，也善于总结。他将出售、收藏和见过的金石、古印、古工、陶片等珍贵文物全都做成拓片或者拍成照片汇编成册。在所编辑的112卷成书中，《邺中片羽》卷收录的青铜礼器就有130多件，还有兵器和陶器、玉器、甲骨等文物。1944年出版的影印本《邺中片羽》中，能够找到老照片中的那件青铜人面盉。这也是最早记录这件人面盉的文献。

2. 乔友声（1907~1972年）。名振兴，字友声，河北束鹿县人。早年在"尊古斋"学徒，

乔友声先生

拜师于黄伯川门下，对青铜器的铭文、花纹、造型、锈色等有较深的研究。1937年，黄伯川将更名后的"通古斋"交给他经营。老照片中的人面盉，就是在此期间，由乔友声收购、交由父亲整理修复后，通过上海文物商人叶叔重转卖给卢芹斋在美国纽约开设的"卢吴公司"的。

1945年，乔友声退出通古斋，开始自己经营和鉴定青铜器。1949年，回河北老家闲居。1951年，又被故宫博物院请回北京，在院内担任青铜器鉴定工作。

据后人讲，姑爷爷乔友声虽说文化不高，但是，非常善于学习。他通过对青铜器上的铭文考证，认识了大量的金石文字。在当时的古玩行业中，他是认识青铜器铭文字数最多的一位。所以，被同行们称为鉴别青铜器的"三杰"之一。

民国三十六年（1937年）七月六日，父母结婚时，证婚人便是其姑父乔友声。

3. 卢芹斋（1880~1957年）。卢芹斋1880年

卢芹斋先生

出生于浙江湖州卢家兜，十几岁时跟随主人，中国大古董商张静江来到法国，在其通运公司任职。1908年，卢芹斋离开张静江，在巴黎开设了自己的"来远公司"。在意识到"战争已经将艺术中心从巴黎转移到了纽约"后，1915年3月，卢芹斋在纽约的"卢芹斋来远公司"开张了。在以后长达30年的时间里，卢芹斋向国外贩卖的中国国宝级文物不计其数，其中包括中国艺术史上最伟大的杰作之一，1916~1917年被偷运至美国以12.5万美元卖给宾夕法尼亚大学博物馆的昭

陵六骏中的"飒露紫"和"拳毛騧"。据中国古董界人士介绍，目前流传于海外的中国古董中约有一半是经过卢芹斋的手售出的。

卢芹斋的合伙人叫吴启周，也曾是张静江家的门客。由于古玩生意红火，他们又在美国纽约东五十七条街开了"吴卢公司"，专门经营古玩。其货源主要来源于吴启周的外甥，在上海开办"禹贡古玩店"的叶叔重。卢本人则常年往返于巴黎与纽约之间。

卢芹斋还在巴黎建造了著名的"巴黎红楼"，用来出售来自中国的绝世收藏。红楼里，用中国文物营造的中国文化气氛极为浓厚。晚年的卢芹斋总结自己的一生充满了矛盾，他承认自己使不少国宝流失海外，同时又欣慰这些国宝因此避免战乱并得到了妥善保护。他对自己的文物买卖行为辩解：通过艺术，让世界了解了中国。所以，也有人认为，卢芹斋启蒙性地将欧美收藏家的眼光从中国装饰性瓷器引向了文化积淀深厚的中国墓葬艺术和佛教艺术；使得西方人学会了欣赏中国文物中的青铜器、古玉器、古陶器、唐三彩、佛造像，是让西方社会认识中国古董的启蒙者。

1957年，卢芹斋死于瑞士，终年78岁。

4.山中定次郎。山中1866年出生于大阪古董商家庭中，原名安达定次郎，因入赘山中家族而改名。

山中是日本山中商会创始人，19世纪末20世纪初，他和他的山中商会进入中国，开始了收集并倒卖中国文物的经营活动，是当时外国人开设于中国境内的最大古董买卖机构，在中国活动长达30多年，致使大量中国文物流失海外。

除在北京琉璃厂收购中国文物外，还与各王府建立了以收购为目的的紧密业务关系。1912年，他抓住小恭亲王溥伟没有生活来源又企图帮助溥仪复辟满清政权因而急需大量资金的机会，以34万大洋的价格，掠夺性地从溥伟手中收购了恭王府除书画外，包括青铜器、陶瓷、玉器、木器、珐琅、石雕、织绣等在内的全部藏品536件。这批文物被迅速运回日本分类整理，并分为三批，一批运往美国拍卖，一批运往英国拍卖，一批留在山中商会设在日本和美国的古董店中零售。其中很多青铜器也在老照片中修复的青铜器之列。

贾文忠观老照片

贾氏收藏青

铜器老照片

罗哲文题

| 026 | 028 |
| 027 | 029 |

034

035

036

044　045　046

054　056

057

055

068　069　070

072　073

079　080　081

082　083

084

091　　092

103   104

111 113

112 114

115   116

117

125	127	128
	126	129

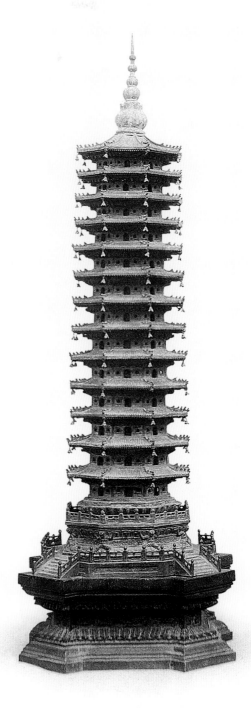

143 145

144

148 150

149

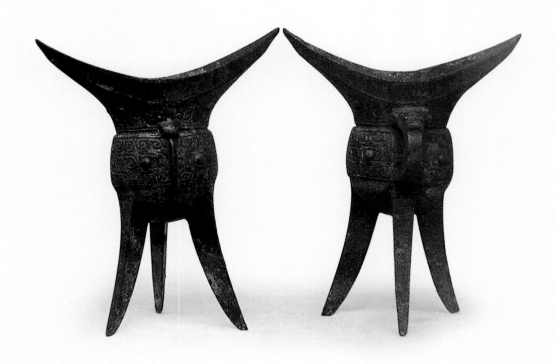

吉 金 萃 影

193 194

203　204

217　218

233

235

234

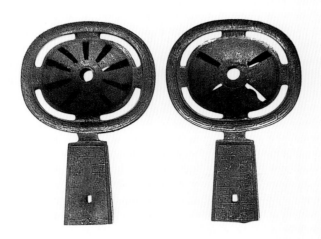

F2　F3

吉金萃影（图版说明）

▌甬钟 / 001

西周晚期或春秋早期

　　本器干为索状，纹饰无法看清。索状干的甬钟多见于西周中期偏晚或晚期偏早，代表器物有陕西扶风庄白一号窖藏所出的I式𤼈钟（《周原》790页）。但本器甬较细长，整体较瘦高，时代或稍晚。

▌重环纹甬钟 / 002

西周晚期或春秋早期

　　本器与日本泉屋博古馆所藏的一件"螭文钟"（附图2.1，《泉屋》152）形制纹饰相同。篆间饰重环纹之甬钟还有泉屋博古馆和美国旧金山亚洲艺术博物馆所藏的两件兮仲钟（《泉屋》149；《遗珍》104）。

附图
2.1

▌眉寿钟 / 003

西周晚期
《集成》41
叶东卿、刘喜海旧藏

　　本器是一组长铭编钟中的一件，铭文不完整，作器者不明，因铭文中有"眉寿"二字而被称为"眉寿钟"。本钟以往只有拓片流传（附图3.1，《集成》41），照片可补其图像之缺。干上有龙首之甬钟很少见，本器之外还可举出扶风豹子沟出土的南宫乎钟（《铜全》五，185）。

附图
3.1

眉寿镜

▌夔纹甬钟 / 004

春秋早期

　　本器篆间饰粗疏的鸟喙夔纹，形制纹饰同于《十二家》至德周氏所藏钟（附图4.1），很可能是同一器。近似之器尚有思源堂旧藏的一件钟（SYT, 829）和陕西宝鸡太公庙所出春秋早期秦公钟（《铜全》七，51）。这类钟应是春秋早期秦地之产品，篆间之鸟喙夔纹有复古之风。

附图
4.1

▌饕餮纹甬钟 / 005

春秋中晚期

　　本器与237之钟风格相同，可能同属一组编钟。

▌饕餮纹甬钟 / 006

春秋晚期
高46.7厘米
Sackler1987, 154；*SacklerIII*, 78；《铜全》八，110。
现藏美国赛克勒美术馆(Arthur M. Sackler Gallery, Smithsonian Institution)

　　与本器（附图6.1。*SacklerIII*, 78）风格相近之钟至少还有5件，分别收藏于美国明尼阿波利斯艺术博物馆（*Pillsbury*, 59）、纳尔逊—阿特金斯美术馆（*Ornaments*, 64）、旧金山亚洲艺术博物馆（*Ornaments*, 65）、丹麦哥本哈根装饰艺术博物馆（CA, 7）和大英博物馆（该馆展厅）。这5件钟可能属同一组编钟，干的特征及甬部、篆间纹饰与本钟有异。本钟鼓部之饕餮纹见于山西侯马铸铜遗址所出陶模和太原金胜村墓地出土铜镈之鼓部，它应是春秋晚期偏晚（或春秋、战国之际）晋地之产品。

附图
6.1

虺纹甬钟 / 007

春秋晚期

本器篆间饰"S"形双首虺纹，鼓部无纹饰。风格同于首都师范大学历史博物馆所藏的两件甬钟（《首师》60、61。其中之一即所谓"兮仲钟"[《铭图》W024]，铭文疑伪）。广东省博物馆藏所谓"王孙遗者钟"（《铭图》W027）形制及篆间纹饰近似本钟，鼓部纹饰则近似006甬钟，由此可推测本钟之时代。

饕餮纹钮钟 / 008

春秋晚期

本器与大英博物馆所藏的一件钮钟（附图8.1。*Ornaments*, 43）形制纹饰相同，可能原属同一组编钟。其鼓部所饰变形倒置之饕餮纹同于泉屋博古馆藏甬钟（《泉屋》155）、山中商会旧藏甬钟（《战国式》图版九七）和北京大学赛克勒考古与艺术博物馆藏甬钟（《燕园》70）鼓部之纹饰，与著名的郘钟（《上博》538，山西万荣庙前出土）纹饰风格也相近，应是春秋晚期早段（或春秋中晚期之际）晋地之产品。

附图8.1

蟠螭纹镈 / 009

春秋晚期
高36.8厘米
SacklerIII, 75-1（V-148）
现藏赛克勒美术馆

赛克勒美术馆藏有两件形制纹饰相同之镈（SacklerIII, 75）。通过细部比较，可确定本镈即其中之一（附图9.1）。日本出光美术馆所藏一镈（《出光1978》83）形制近似二镈，鼓部纹饰相同，但方向颠倒。镈钮特征近于河南辉县琉璃阁甲墓和M60所出编镈（《甲乙墓》114～115页；《山琉》图版柒陆）；鼓部纹饰还近

附图9.1

于琉璃阁M75所出镈（《山琉》图版玖伍）。

▌饕餮纹镈 / 010

春秋晚期
高31.8厘米
Pillsbury, 58
皮尔斯伯里（Alfred F.Pillsbury）旧藏，现藏美国明尼阿波利斯艺术博物馆（Minneapolis Institue of Art）
　　与本器（附图10.1）形制纹饰相同之镈还藏于美国克利夫兰艺术博物馆（《综览三》镈23）和旧金山亚洲艺术博物馆（*Brundage1966*，XLVL.B）。鼓部纹饰见于侯马铸铜遗址出土铸范（参看《晋铜》81～83页）。

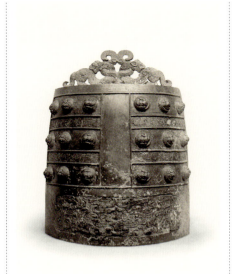

▌弦纹甑 / 011

西周早期
　　本器甑部似仅饰一周弦纹，纹饰风格近于扶风庄白墓出土之戒甑（《周原》1364页）和山西翼城大河口M2002所出甑（《大河口》 92页）。但从鬲部形制看，年代较早。

▌饕餮纹方鼎 / 012

商代后期
　　本器与现藏瑞士玫茵堂的亚其方鼎（附图12.1。*Meiyintang*, 76）形制纹饰基本相同。饰鸟喙夔纹和饕餮纹、腹部较深、柱足较粗、颈腹扉棱不相连，这些特征都近于河南温县小南张出土的徙方鼎（《铜全》四，20）。

▌⬚⬚方鼎 / 013

商代后期
高33厘米
《美集录》A78（R.17）、《遗珍》1
卢芹斋旧藏，现藏美国大都会艺术博
物馆（Metropolitan Museum of Art）
（1943年入藏）

　　本器（附图13.1，《美集录》A78）形
制纹饰较为特殊。与其风格相近者有山
东长清出土之禺方鼎（《铜全》五、22、
23），但立耳、无盖。曾收入卢芹斋1941
年纽约图录。

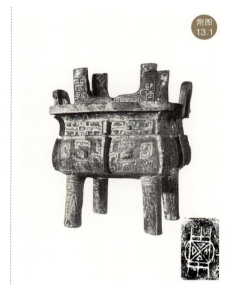

附图
13.1

▌饕餮纹分裆鼎 / 014

商代后期

　　本器裆部较高，足较粗短，上粗
下细，纹饰很特殊。是时代较早的分
裆鼎。形制相类者有河南安阳93花西
北M20所出鼎，时代早于本器。

▌饕餮纹鼎 / 015

商代后期

　　本器之绚索状耳特征近似安阳殷
墟小屯M60出土铜甗（《殷新》5）之
耳，口沿下所饰之饕餮纹风格则近于
1952年安阳出土、现藏新乡博物馆之
鼎（《河铜》328）和美国檀香山艺术
博物馆藏甗（《铜玉》2）。商代细索状
耳的铜鼎可知者只此一件。

▌夔纹鼎 / 017

商代后期

　　本器束颈，口外侈较甚，器
身饰鸟喙夔纹和三角蝉纹，风格
相近者可举出《综览一》鼎102、
104、133～135以及安阳殷墟孝民屯
GM875、GM874所出鼎（《铜全》
二、17；《殷铜》76）。

▌箙鼎 / 016

商代后期
高22.3、口径20厘米
《邺三》上16、《燕园》48
现藏北京大学赛克勒考古与艺术博物馆

　　通过细部比较可确定本鼎即《邺三》上16之箙鼎，其与现藏北大赛克勒考古与艺术博物馆之箙鼎（附图16.1，《燕园》48）实为同一件器物（即《铭图》88、89，误析为二）。形制纹饰近似者还有于省吾旧藏之或鼎（《双古》上2）和《美集录》A23之鼎（甘浦斯旧藏），口沿下蝉纹方向与本器相反。

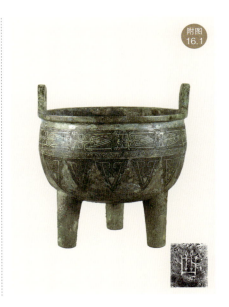

附图
16.1

▌𡩃鼎 / 018

商代后期
高18.8、口径15.8厘米
《美集录》A6（R.221）
卢芹斋旧藏

　　本器（附图18.1，《美集录》A6）饰内卷角大饕餮纹。这类鼎见于商代后期，如安阳殷墟大司空M663所出鼎（《殷新》25）和刘家庄M637出土之亚若鼎（《殷新》143）。曾收入卢芹斋1939年纽约图录。

附图
18.1

▌饕餮纹鼎 / 019

商代后期

　　本器饰鸟喙夔纹和大饕餮纹，纹饰近于美国哈佛大学艺术博物馆所藏卨鼎（《铜全》二，37，《美集录》A7）和德国慕尼黑国立民间艺术博物馆所藏𡩃鼎（《遗珠》6），但纹面较平，与后二器主纹饰突出器表之风格有异。

▌饕餮纹鼎 / 020

西周早期

　　本器形体可能较大，沿下饰一周长体饕餮纹饰，共三组，饕餮旁有倒立夔纹。形制纹饰近于吴父癸鼎（《铭图》934）、冉鼎（《综览一》鼎165）和湖北随州叶家山M111所出饕餮纹鼎（《叶家山》057）。

▌饕餮纹鼎 / 021

西周早期

　　本器口沿下亦饰长体饕餮纹，与020鼎相比鼎腹较浅，腹壁较直。

▌夔纹鼎 / 022

春秋早中期

　　本器腹部呈半球形，饰粗疏的"S"形顾首尖尾夔纹，系模仿中原地区西周中期之纹饰。据考古发现，可推断为春秋早中期江淮一带的产品，风格相近之器物可举出安徽铜陵凤凰山所出铜鼎（《皖南》23）。

▌饕餮纹鼎 / 023

春秋中期
高34.6厘米
Sackler1987，142；SacklerIII，5
现藏赛克勒美术馆

　　与本器（附图23.1。SacklerIII，5）形制纹饰相同之鼎出土于山东沂水刘家店子春秋大墓（高48厘米。《铜全》九，63）。是春秋中期一种具有地方特色的铜鼎。

附图23.1

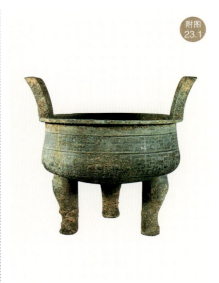

▎蟠虺纹鼎 / 024

春秋中晚期
高59.8、口径61.5厘米
SacklerIII, 11
现藏赛克勒美术馆

　　苏芳淑（Jenny So）已指出本器形制纹饰与1923年河南新郑李家楼大墓所出的至少6件大鼎相同，当同属一组器物（*SacklerIII*, P122～123）。其所言之6鼎应即《新郑》58～69页所录铜鼎，分藏故宫博物院、河南博物院和台北"国立历史博物馆"，加上本鼎（附图24.1）可成7鼎之数。

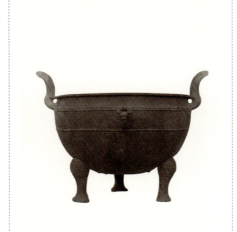

附图
24.1

▎云雷纹鼎 / 025

春秋晚期

　　本器形制纹饰同于上海博物馆藏"夔形龙纹鼎"（附图25.1，《上博》552）。形制近于侯马上马墓地M1002、M15、M5218所出铜鼎（《上马》图版一〇），是春秋晚期偏晚周、晋等地之典型鼎类。

附图
25.1

▎错金银龙纹鼎（盖）/ 026

战国中晚期
《金村》图版二五；*Pillsbury*, 47；《美集录》A111
卢芹斋、皮尔斯伯里旧藏，现藏明尼阿波利斯艺术博物馆

　　本器（附图26.1，《金村》图版二五）传出河南洛阳金村，纹饰华丽，是战国青铜器中的精品。错金银鼎还可举出咸阳博物馆所藏的一件鼎（《铜全》七，133）和1981年洛阳小屯出土之鼎（《铜全》七，134）。曾著录于卢芹斋1939年纽约图录。

附图
26.1

▍蟠螭纹方鼎 / 027

春秋早中期
高20.2厘米
《十二家》棻24-27、《通考》175、
《泉屋》17
商承祚旧藏，现藏日本泉屋博古馆

　　本器（附图27.1，《十二家》棻25；附图27.2，《泉屋》17）或称"方鬲"，或称"方炉"。从照片及《十二家》之图版看，器物正面两个兽首衔环失一环；而从《泉屋》图版可知，其后又失一环。这类器物已发现多件，李学勤曾做过讨论（《寻珍》104～105页）。

附图27.1

附图27.2

▍夔纹簋 / 028

商代后期

　　本器与铙斋旧藏之重簋（附图28.1，《流散》67）形制纹饰相同，可能是同一器（也即《邺三》上25之簋）。扶风吕宅所出簋（《铜全》四、33）和安阳博物馆所藏的一件簋（《安铜》100）与本器风格相近。

附图28.1

▍亦车簋 / 029

商代后期
高13.9、口径21厘米（《美集录》）
《美集录》A152（R.162）；*Freer1967*,
Plate61；《遗珍二》10；《铜全》二、94
卢芹斋旧藏、现藏美国佛利尔美术馆
（Freer Gallery of Art, Smithsonian
Institution）（1941年入藏）

　　《美集录》列出"亦车"铭铜器6件（均传安阳出土），并认为本器（附图29.1，《美集录》A152）"似亦近年安阳所出"。德国科隆东亚艺术博物馆所藏妇嫄簋（《遗珠》14）风格与本器最为相近。

附图29.1

鸢簋 / 030

商代后期
高18.2、口径26厘米　(《美集录》)
《美集录》A142 (R.13)、《遗珍二》11
卢芹斋、温索浦 (Grenville L. Winthrop)
旧藏，现藏美国哈佛大学艺术博物馆
(Harvard University Art Museum) (1943
年入藏)

　　本器 (附图30.1,《美集录》A142)
无耳，有扉棱，器身饰夔纹和饕餮纹，
风格相近之传世器有数件，多流散欧
美 (《综览一》小型盂32～35; SacklerI,
97)，发掘品则可举出2006年扶风上宋
红卫村所出簋 (《铜铸》9页)。

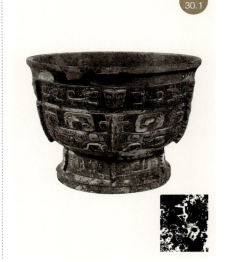

附图
30.1

饕餮纹簋 / 031

商代后期
高18、口径21～20.3厘米
《美集录》A154; Honolulu, 26
希拉曼尼克旧藏，后属Wilhelmina
Tenney Memorial Collection，现藏
美国檀香山艺术博物馆 (Honolulu
Museum of Art) (1967年入藏)。

　　本器 (附图31.1,《美集录》A154)
或称"簋"，或称"卣"，或归入杂器。形制
特殊，似原有盖，颈部有四个兽首。形制
相近之器还有台北故宫博物院所藏的一
件簋 (《商浭》7)。

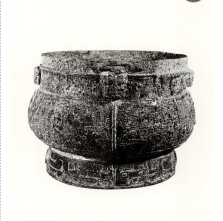

附图
31.1

饕餮纹三耳簋 / 032

商代后期
高16.8厘米
《辨伪》图二一四
现藏故宫博物院 (1959年由北京市文
化局调拨)

　　据《辨伪》，本器 (附图32.1)
"破修，一鋬修配"。其耳部特征近于
上海博物馆藏亚夷簋 (《铜全》四，
41)。三耳簋非常罕见，除本器外还
有两件，分别藏于故宫博物院 (《铜
全》四，46) 和法国色努施奇博物馆
(《遗珠》16)。

附图
32.1

▌乙戈簋 / 033

商代后期

《邺三》上27

　　与本器（附图33.1）形制最接近者为陕西凤翔河北村出土的亚光簋（《陕铜》四，183）。器腹弧度较大、圈足较高、足壁斜直的铜簋，也见于安阳殷墟大司空M303（《殷新》169），簋耳上兽首之特征亦同于本簋。

▌饕餮纹簋 / 034

西周早期

　　本器饕餮纹为"T"形角，圈足饰蛇纹，风格同于《美集录》A205簋（卢芹斋旧藏）和上海博物馆所藏的一件簋（《上博》235）。这类簋在陕西泾阳高家堡西周早期墓M3中也有出土（《高家堡》彩色版肆：2）。

▌中簋 / 035

西周中期

《冠斝》补1、《铭图》4053

荣厚旧藏、现藏清华大学图书馆

　　本器（附图35.1，《铭图》4053）器体和圈足较高，斜腹，下部有折痕，比较特殊；由所饰鸟纹之形态可知为西周中期器。器形相近者还有旧金山亚洲艺术博物馆所藏的一件簋（《遗珍二》12）和台北故宫博物院所藏夔纹簋（《商粲》58），均为西周中期器。

▌戠簋 / 036

西周中期
高17.8厘米（《故铜》）
《冠斝》上24、《故铜》161
荣厚旧藏，现藏故宫博物院（1954年
入藏）

　　本器（附图36.1、《故铜》161）之
年代，一般定为西周中期，或认为不
早于穆、恭之际。其所饰瓦纹较疏，
风格近于🔲父丁簋（*Bronzen*, 17）和
叔咢父簋（《遗珠》107）。

附图
36.1

▌窃曲纹簋 / 037

西周中晚期

　　本器与美国伏克（Mr. and Mrs.
Myron S. Falk）旧藏之铜簋（附图37.1、
《美集录》A148）形制纹饰相同，但
似非同一器，可能原属一组。风格相
近之兽钮衔环窃曲纹簋，还可举出陕
西澄城出土的王臣簋（《分期断代》
簋94）。

附图
37.1

▌饕餮纹方座簋 / 038

西周早期
高22.6、口径18.5厘米（《泉屋》）
《综览一》簋131、《泉屋》28
现藏泉屋博古馆

　　本器（附图38.1、《泉屋》28）有
铭文3字：□作彝。大饕餮纹方座簋
流行于西周早期，但方座四壁中部有
长方形镂空者仅此一件。

附图
38.1

春秋中晚期

与本器形制纹饰相同之簋可知有6件，分别藏于故宫博物院（附图39.1，《铜全》九，9）、美国旧金山亚洲艺术博物馆（附图39.2，《铜全》九，10）、克利夫兰艺术博物馆（附图39.3，《遗珍》112）、亚洲协会博物馆（洛克菲勒三世旧藏）和玫茵堂（附图39.4，*Meiyintang*，107），另外美国圣路易斯艺术博物馆还收藏有一件无盖簋（附图39.5，《遗珍二》115）。这些铜簋尺寸大致相同（有盖者通高约33厘米），可能是同出之"列簋"。王海文《龙耳簋》（《故宫博物院院刊》1979年4期）称："根据传说，此簋

（按：即故宫博物院藏簋）系山东临淄出土，同坑出土的大致相同的簋共有六个，大多已流散到海外。"《美集录》在介绍美国旧金山亚洲艺术博物馆藏簋时称："此器一对，曾经修整，1940前后，山东临淄县近郊出土一组铜簋，一对著录于《铙斋》12、13，通高34、方座高12、宽24厘米。1948年，曾为清华大学购置一器，两耳和座都已残失。"其所言之失耳失座簋，现仍藏清华大学。如此，则这类簋最多可有7件。本器无法确定是否在上述之铜簋中。从《铙斋》所录簋盖捉手内的蟠虺纹看，时代当在春秋中晚期。

▌涡形纹豆 / 040

春秋晚期
高35.5厘米
《美集录》A275; *Brundage1977*, XLIX右
卢芹斋、布伦戴奇（Avery Brundage）旧
藏，现藏美国旧金山亚洲艺术博物馆
(Asian Art Museum of San Francisco)

　　本器（附图40.1。*Brundage1977*,
XLIX右）形制近似洛阳中州路M2729
和中州路北M535所出铜豆，《美集录》
定其年代为春秋晚期，有其道理。其纹
饰为《综览三》所谓"蛹形鬼神"纹（纹
样6-7、6-9），也见于侯马铸铜遗址出土
陶范（《晋铜》498，称"涡形纹"）。这

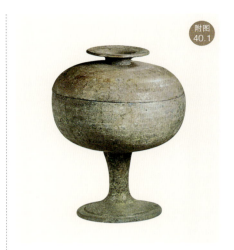

附图
40.1

类有柄器一般称作"盖豆"或"豆"，实非
"豆"，而是与簋用途相近的食器；其自

名，今山东地区称"敦"，中原地区则称
"膳"。

▌兽纹豆 / 041

春秋晚期
高24.5（《铜玉》）
《铜玉》135, *Honolulu*, 44
现藏檀香山艺术博物馆（1972年入藏）

　　本器（附图41.1，《铜玉》135）
兽纹镶嵌之物似本已失，后人又填充
以绿松石（这个时代的铜器，兽纹基
本不镶嵌绿松石）。目前所见盖豆器身
多只两环耳，盖面有环形钮者数量多
为三个；本器有四个环耳和四个环形
钮，较为特殊。

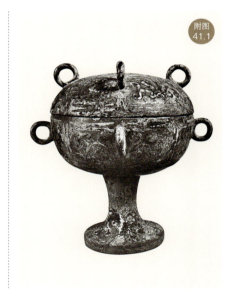

附图
41.1

▌散虺纹豆 / 042

春秋晚期
高21.5、口径18.6厘米
《故铜》238
现藏故宫博物院（1958年由国家文物
局调拨）

　　本器（附图42.1）盖钮为鸟形，
罕见。所饰散虺纹和绚索纹风格近
于侯马一带出土的铜器和陶范（《晋
铜》338、339）。

附图
42.1

▌刻纹铷 / 043

春秋晚期或稍晚
高6.2、口14.9～18.4厘米
《铜全》七，146、147；《上博》613
现藏上海博物馆

　　这类铜器宋人称"后"，《通考》从
之，又称"舟"或"铷"，近年又有学者再
次论证其当称"后"。刻纹画像器多为盘、
匜、壶等，铷较少见，因此本器（附图
43.1，《上博》613）很特殊。

▌饕餮纹卣 / 044

商代后期

　　本器细颈，提梁贴颈，两端为龙
首；盖钮为立鸟形；器身遍布纹饰。
与之风格最相近者为安阳殷墟小屯
M5出土卣（《铜全》三，114）和旧金
山亚洲艺术博物馆所藏卣（《铜全》
三，118）。提梁贴颈之卣流行于殷墟
较早时期。

▌饕餮纹方卣 / 045

商代后期
高28.8厘米
《综览一》卣13
现藏日本东京国立博物馆

　　本器（附图45.1）细颈，提梁特
征近于044卣；但腹部为方形，盖钮
为菌状。商代后期之方腹卣还可举出
安阳殷墟小屯M331出土卣（《铜全》
三，13）和明尼阿波利斯艺术博物馆
所藏卣（*Pillsbury*，22）。

▌鸮卣 / 046

商代后期

高22.8厘米

《美集录》A570（R.284）

纽约杜克（Miss Doris Duke）旧藏

　　本器（附图46.1）铭文为牛首形，无地纹，索状提梁，风格近似安阳殷墟苗圃北地M229所出鸮卣（《殷新》39），唯鸮喙特征有异。

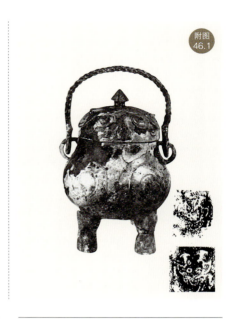

▌云雷纹卣 / 047

商代后期

　　本器扁体、鼓腹，器身形制纹饰同于安阳殷墟GM2575出土史卣（《殷铜》177）和日本根津美术馆藏卣（《综览一》卣17）。索状提梁，两端为蛙形，极具特色；河北定州北庄子商墓所出的一件卣和旧金山亚洲艺术博物馆所藏的一件卣（《综览一》卣23）也有此类提梁，但器形不同。

▌雷纹卣 / 048

商代后期或稍晚

　　本器扁体索形提梁，盖面和口沿下饰界以连珠纹的菱格雷纹。这类卣在商代后期较为常见，安阳殷墟戚家庄M269、郭家庄南赛格金地M13、大司空M303等墓均有出土（《铜全》三，125；《殷新》105、178）。直到商周之际仍有发现。

▌饕餮纹卣 / 051

西周早期

　　本器盖缘有夔纹，纹饰特征更接近山东滕州井亭和寿光古城遗址所出卣（《综览一》卣42）。提梁两端为夔首，年代虽早不到商代，却应是最早的夔首提梁卣之一，与辽宁喀左山湾子窖藏所出卣（《文物》1977年12期图版壹：1）和根津美术馆所藏的一件卣（《根津1971》13）时代相当。

▌饕餮纹卣 / 050

商末周初

　　本器与现藏中国国家博物馆的祖乙父辛卣（通梁高33.2厘米。附图50.1，《历博》第2张）形制纹饰相同，很可能是同一件器物。近似之器还有泾阳高家堡M1所出之戈⋈卣（《铜全》六，134）。

附图
50.1

▌饕餮纹卣 / 049

商末周初

　　本器与卢芹斋、布伦戴奇旧藏之小子卣（附图49.1，《美集录》A559）形制纹饰相同，可能是同一器。器腹饰大饕餮纹的扁体卣尚未见于殷墟遗址，但在山东寿光古城墓中曾有出土（《文物》1985年3期图版贰：4）。

附图
49.1

▌父乙卫典卣 / 052

商末周初

《邺初》上18、《铭图》12905

　　本器（附图52.1，《铭图》12905）器腹饰卷角大饕餮纹，两角间有一兽首，而无其他纹饰，较为特殊；卷角饕餮纹风格近似端方旧藏、现藏大都会艺术博物馆之觯（《综览一》觯82）的纹饰。

附图
52.1

▌伯貉卣 / 053

西周早期

　　伯貉卣的铭文著录于《集成》（5233），照片中器物下方之铭文拓片（盖、器共二铭）与《集成》收录者（附图53.1）可完全对应。因此本卣应即伯貉卣，照片可补其器形之缺。同铭之尊现藏辽宁省博物馆（《铭图》11605）。伯貉卣之形制纹饰近于作册䍐卣（《分期断代》卣13）和扶风刘家出土丰姬卣（《周原》1176页），时代均为西周早期晚段。

▌凸棱纹卣 / 054

西周中期

　　本器器身无纹饰而只有一道凸棱，较为特殊。

▌卣 / 057

　　本器器形呆板，纹饰生硬，风格不合常规，当为近代之伪器。

▌鸟纹卣 / 058

商末周初

　　本器无盖，突出之长角残，与其形制纹饰基本相同的卣可举出三件：两件长角末端有兽首，出自宝鸡，已流散美国，分别藏于佛利尔美术馆（《美集录》A591·2；《遗珍》90）和波士顿美术馆（《美集录》A591、《遗珍二》97）；一件长角末端无兽首，现藏上海博物馆（《上博》271）。从腹部大鸟纹尾羽特征看，本器与佛利尔美术馆所藏者更为接近。

▌伯彭父卣 / 055

西周中期
高24.5厘米（《遗珍二》）
《美集录》A622（R.386）、《遗珍
二》98
Wells旧藏，现藏美国托莱多艺术博物
馆（Toledo Museum of Art）（1938年
入藏）

　　本器（附图55.1，《美集录》
A622）所饰长分尾鸟纹，近似录卣
（SacklerII，74）和竞卣（《泉屋》
103）之纹饰，提梁两端兽首之形制则
同于几件大鸟纹卣（如丰卣、农卣
等），显示出西周中期的特征。

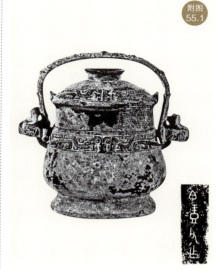

▌"作旅彝"卣 / 056

西周中期
高20.9厘米
《遗珠》110
巴莱尔氏旧藏，现藏英国格拉斯哥博
物馆美术馆（Glasgou Museum and Art
Gallery）

　　本器（附图56.1）可参看《遗
珠》之相关说明（347页）。器身截面
近圆形的卣还有扶风齐家M5所出卣
（《周原》1889页），年代也是西周中
期。

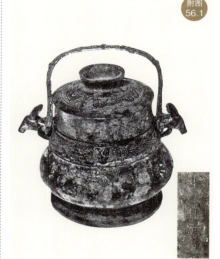

▌鸟纹筒形卣 / 059

西周早期
　　本器与美国保罗·辛格所藏的一
件铜卣（附图59.1。Singer，41）形制
纹饰相同，很可能是同一器。筒形卣
流行于西周早期。

夔纹卣 / 060

商代后期

　　本器与《邺三》上31之卣（附图60.1。 *SacklerI, fig.64.7*）形制纹饰相同，可能是同一器。索状提梁两端为蛙形，近于047卣；整体则更近于定州北庄子所出卣和旧金山亚洲艺术博物馆所藏卣。

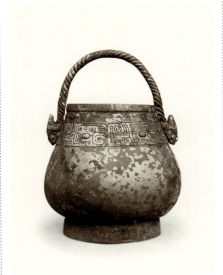

附图60.1

子𣄰卣 / 061

西周早期
高28厘米
《综览一》卣110、《出光1978》34、
《出光1989》71
现藏日本出光美术馆

　　本器（附图61.1，《出光1978》34）腹饰络带纹，中部交叉处有方形乳丁，提梁器两端为犀首。这类络带纹提梁器年代明确者均为西周早期，如河南浚县辛村出土的渣伯遟卣（《铜全》六，31）和随州叶家山M65出土的曾侯卣（《叶家山》009）。犀首提梁商代后期即已出现（如故宫博

附图61.1

物院所藏的四祀邲其卣），一直延续到西周早期。叶家山曾侯卣自名为

"壶"，说明这类器称为"壶"可能更为合适。

鸟纹四足卣 / 062

商代后期

　　本器四足，形制特殊，器身饰四个大鸟纹，应即著录于《邺三》（上23）的"鸟文彝"，也就是《铜玉》31之"鸱鸮卣"（附图62.1）。《综览一》归入"鸟兽形卣"（13）。有学者认为其产自南方地区。

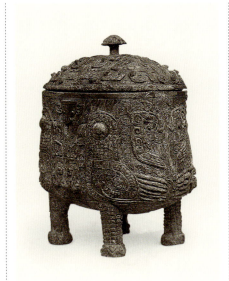

附图62.1

▌饕餮纹有肩尊 / 063

商代后期

　　本器肩部以上饰三周弦纹，圈足壁斜直，风格近于安阳殷墟小屯M331和花园庄东M60所出尊（《殷粹》44；《殷新》7）。

▌饕餮纹有肩尊 / 064

商代后期

　　本器形制纹饰同于皮尔斯伯里旧藏、现藏明尼阿波利斯艺术博物馆的册尊（附图64.1，《美集录》A399）。肩部上方饰一周夔纹和蕉叶纹，器腹和圈足皆有扉，较063尊为晚。风格相近之尊还可举出安阳殷墟小屯M18出土之饕餮纹尊（《铜全》三，96）。

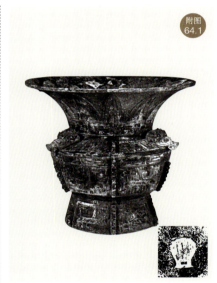

附图
64.1

▌册尊 / 065

商代后期

高30.8、口径33.1厘米（《美集录》）
Pillsbury, 28；《美集录》A399（R.21）
姚叔来通运公司、皮尔斯伯里旧藏
（1940年归皮氏）、现藏明尼阿波利斯
艺术博物馆

　　本器（附图65.1。*Pillsbury*, 28）
与064尊可能为同一器。

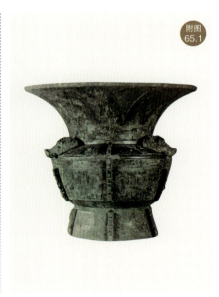

附图
65.1

▌饕餮纹有肩尊 / 068

商末周初

　　本器与故宫博物院藏𠂤尊（附图68.1，《辨伪》图三三九）形制纹饰相同，很可能是同一器。据《辨伪》介绍，此尊高23.1、口径23.7厘米，"原为一旧收藏者收存，1940年归同益恒古玩铺收购转售"，1946年入藏故宫博物院；口残缺，曾经修复。本器圈足外撇，器腹部及圈足纹饰饕餮纹较粗犷，无地纹，在有肩尊中年代较晚。

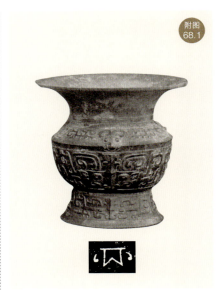

附图68.1

▌饕餮纹有肩尊 / 066

商代后期

　　商代后期的有肩尊，有高体和矮体两类，063～065尊属"矮体尊"，本器和067尊属"高体尊"。考古发掘之"高体尊"有子渔尊（《铜全》三，97。出土于安阳殷墟小屯M18）和后爻母尊（《铜全》三，95。出土于安阳殷墟小屯M5）等，传世品也有不少（如《美集录》A400～402、《泉屋》71～74）。

▌饕餮纹有肩尊 / 067

商代后期

　　本器与066尊风格相近，整体稍矮。

▌饕餮纹尊 / 070

商代后期

　　本器较细瘦，风格近于铜觚，形制纹饰与山西灵石旌介商墓出土之父己尊（《铜全》四，119）很相近。这类尊还可举出赛克勒美术馆藏𠂤尊（《铜全》三，107。传出安阳）和湖北汉阳出土的御尊（《铜全》四，120、121）。

▋ 册宫方尊 / 069

商代后期
高38、5、口径25.6厘米
《美集录》A406（R.102）
卢芹斋旧藏

　　本器（附图69.1）纹饰草率，风格近于安阳殷墟刘家庄M1046所出亚𫓧方尊（《殷新》213、214）等。曾著录于卢芹斋1941年纽约图录。

▋ 饕餮纹尊 / 071

商代后期

　　本器也是"觚形尊"，与《铜玉》82之尊（附图71.1）形制纹饰相同，可能是同一器。与之风格近似之器还有旧金山亚洲艺术博物馆所藏的一件尊（《遗珍二》37）。

▋ 作父辛尊 / 072

商代后期
《双古》上11
端方、冯恕、于省吾旧藏

　　本器（附图72.1）腹部饕餮纹横口，很有特点，此类纹饰的尊流行于商末，可举出陕西西安大原村出土乙卯尊（《西安铜》56）和安阳殷墟刘家庄M1046所出亚𫓧尊（《殷新》220）等。

▌亚貘父丁尊 / 073

商代后期
高29.7、口径23.1厘米（《美集录》）
《美集录》A409（R.146）；*Freer1967*，
*Plate*13；《铜全》三，106
卢芹斋旧藏，现藏佛利尔美术馆（1944年
入藏）

　　本器（附图73.1。《铜全》三，
106）传安阳出土，形制纹饰均较特
殊。同铭之器《美集录》有收集，可
参看。

▌饕餮纹尊 / 074

西周早期

　　本器腹部饰饕餮纹和鸟纹，形制
纹饰近于《美集录》A427之尊。这类
饕餮间以鸟纹的铜尊多见于西周早期
墓葬（如山西曲沃曲村M6210、扶风
云塘M20和洛阳东车站M567等）。

▌鸟纹尊 / 075

西周早中期

　　本器与《美集录》A443之明
尊（附图75.1）形制纹饰相同，可
能是同一器。明尊（高17.6、口径
17.4、底径11.8厘米）为卢芹斋旧藏，
现归美国纽约某收藏家（《铭图》
11442）。风格相近之尊可举出洛阳北
窑出土的叔造尊（《洛铜》119）。

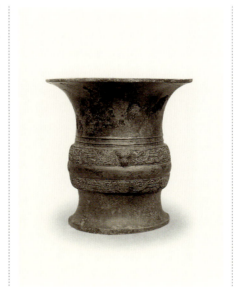

▌波带纹尊 / 076

春秋

　　本器可能就是Wessén旧藏、现藏瑞典东亚博物馆之尊（附图76.1。*Wessén*，14），也就是《综览一》瓠形尊147。从器形及纹饰特征看，当非中原地区产物。《综览一》将其时代定为春秋早期，应相差不远。

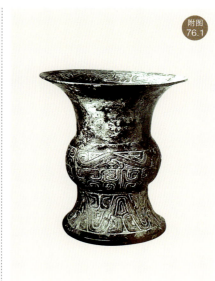

▌禽尊 / 077

战国早中期
高19、长24厘米
《美集录》A681
卢芹斋、马丁（A.B.Martin）旧藏

　　照片与《美集录》A681之图（附图77.1）完全相同，可以肯定是同一器，也即《通考》695之器。曾收入卢芹斋1940年纽约图录。山东淄博临淄相家庄M6曾出土一件与本器形制近似之禽尊（《齐墓》图版一九：1），河北邯郸百家村战国墓也出土一件形制相近的陶禽尊（《考古》1962年12期图版壹：3），可据此推断此类禽尊之时代。

▌禽尊 / 078

战国早中期
高17.8、长36.8厘米
Eli Lilly，P334，fig3
卢芹斋、Eli Lilly旧藏，现藏美国印第安纳波利斯艺术博物馆（Indianapolis Museum of Art）（1948年入藏）

　　本器（附图78.1）与077禽尊风格近似。

▌亚夨父乙觯 / 079

商末周初
高20.2厘米（《美集录》）
《美集录》A521（R.143）；《综览一》觯
104；Brundage1977, XIX后左
卢芹斋、布伦戴奇旧藏，现藏旧金山
亚洲艺术博物馆

　　本器（附图79.1，《美集录》
A521）器盖和器身均饰牛角饕餮
纹，风格近似之觯还可举出滕州前
掌大M11出土之史觯（《前掌大》彩
版四四：3）。

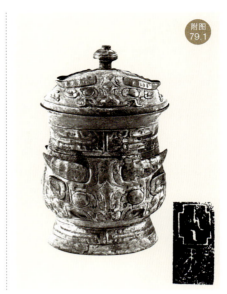

附图
79.1

▌饕餮纹爵 / 080

商代后期

　　本器腹部饰"瓶形"角的龙纹，
形制纹饰近似陕西绥德墕头所出爵
（《陕北》122页）。类似纹饰也见
于安阳殷墟小屯M5所出妇好平底爵
（《殷铜》40）。

▌〔〕爵 / 081

商代后期

　　本器很可能就是现藏新加坡国
家博物馆的〔〕爵（附图81.1，《集
成》7467）。器身所饰饕餮纹近似安
阳殷墟小屯M5出土的妇好爵（《殷
铜》38），年代稍晚于后者。

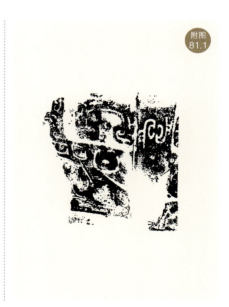

附图
81.1

车斿斝 / 082

商代后期
高50.8厘米
《美集录》A307（R.456）、《遗珍二》19
卢芹斋旧藏、现藏美国纳尔逊—阿特金斯艺术博物馆（Nelson-Atkins Museum of Art）

　　本器（附图82.1，《美集录》A307）器形较大，风格相近之出土品可举出安阳殷墟小屯M5所出之后粤母斝（《铜全》三，40），后者形体更大（高65.7厘米）。

饕餮纹斝 / 083

商代后期
　　本器形制与082斝相近，但纹饰不同（后者为分解的饕餮纹，且凸出器表）。

曺斝 / 084

商代后期
高27.2、口径17厘米
《美集录》A302（R.187）
白金汉（Buckingham）旧藏，现藏美国芝加哥艺术博物馆（Art Institute of Chicago）

　　本器（附图84.1，《美集录》A302）形制近于布伦戴奇旧藏、现藏旧金山亚洲艺术博物馆的子蝠斝（*Brundage1977*，XXII左）。

▌饕餮纹斝 / 085

商代后期

本器形制纹饰同于1989年曾见于纽约苏富比行的✦爵（附图85.1，《流散》312），不排除是同一器的可能性。其风格还近于《美集录》A300斝（卢芹斋、皮尔斯伯里旧藏）和旧金山亚洲艺术博物馆藏斝（《遗珍》40）等。形制相近之出土品可举出安阳殷墟武官北地M1和大司空M539出土斝（《铜全》三，47、49）。

附图
85.1

▌饕餮纹斝 / 086

商代后期
高27.8、口径15.1厘米（《美集录》）
《邺三》上37；《美集录》A298（R.174）；Brundage1977，XXIII中；《铜全》四，63
尊古斋、卢芹斋、布伦戴奇旧藏，现藏旧金山亚洲艺术博物馆

本器（附图86.1，《铜全》四，63）形制近于085斝。盖面有背对之立鸟，此类斝盖的还有故宫博物院所藏⿰立鸟斝（《故铜》38）。曾著录于卢芹斋1944年纽约图录。

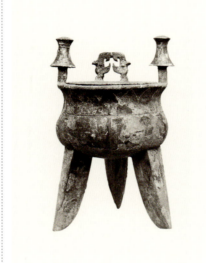
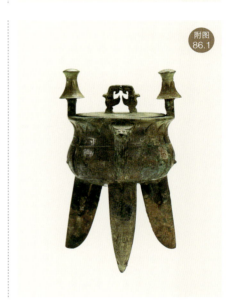

附图
86.1

▌凸斝 / 087

商代后期
高21.6、口11.6～15厘米
《美集录》A319（R.459）
罗比尔（Fritz Low-Beer）、欧文·斯奈德夫人（Mrs Irving Snyder）旧藏，现藏美国圣迭戈艺术博物馆（San Diego Museum of Art）（1948年入藏）

本器与凸斝（附图87.1。据圣迭艺术博物馆官方网站可知是欧文·斯奈德夫人旧藏）从器身细部痕迹看，为同一器。盖则有异，双立鸟之盖当为后配或经改制。商代后期的四足罐形斝在安阳殷墟小屯M238和西北冈M1022都有出土（《殷粹》36、37）。

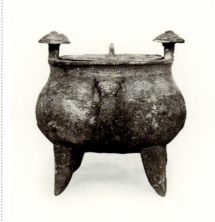

附图
87.1

▌兽鸮纹觥 / 089

商代后期

本器与瑞典斯德哥尔摩Philip Sandblom、埃斯肯纳齐旧藏之觥（附图89.1。*SacklerI*，fig73.3）形制纹饰相同，可能是同一器（Sandblom旧藏觥还可见*CA*，No.3、《经眼录》85页图73）。与本器形制相近者尚有美国诺顿艺术博物馆所藏觥（《综览一》匜16）。这类兽鸮纹觥也见于安阳殷墟小屯M5（妇好觥。《铜全》三，151~153）。

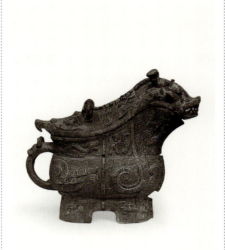
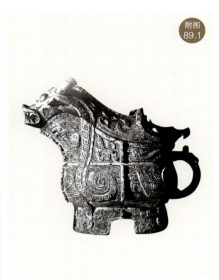

▌饕餮纹觥 / 088

商末周初

本器除觥首兽角外，形制纹饰近似出光美术馆藏亚醜者觥觥（《出光1978》43）。台北故宫博物院藏亚醜方簋（《商礼》99）之耳形制也同于本器之鋬。

▌人面盖盉 / 090

商代后期
高18.5厘米（《铜全》）
《邺三》上30；《美集录》A632；《铜全》三，147、148；*Freer1967*，Plate39；《遗珍》53
卢芹斋旧藏，现藏佛利尔美术馆（1942年入藏）

本器（附图90.1）《美集录》称"卣"，传河南安阳出土，也有学者认为其产自长江流域。据程长新等《铜器辨伪浅说》（文物出版社，1991年）："（人面盉）是1940年安阳出土的，由北京"同益恒"古玩铺的萧延卿、陈鉴塘经手，以13万5千元的价格卖给了叶叔重。而后叶将其运往美国的'吴卢公司'，又转手卖给了美国人。"《美集录》已指出盉与《西清古鉴》14.10簋形制纹饰相似，后者现藏台北故宫博物院（《商瓷》18）。

▌饕餮纹盉 / 091

西周早期

本器分裆、三袋器足，整体较高，为西周早期常见之器类，甘肃灵台白草坡和北京房山琉璃河等地西周早期墓中均出土有此类盉（《综览一》盉34；《琉璃河》彩版四四）。只是本器袋足上无所谓"人字纹"，较为少见，这类盉还可举出宝鸡竹园沟M13所出者（《分期断代》盉7）。

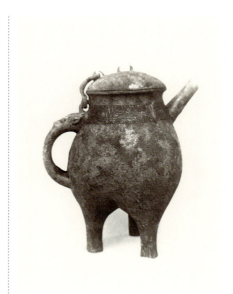

▌尧父乙盉 / 092

西周早期
高28、口径10.5厘米
《美集录》A326（R.237）；*Bundage1977*，XXIV左；《综览一》盉21
卢芹斋、布伦戴奇旧藏，现藏旧金山亚洲艺术博物馆

本器（附图92.1，《美集录》A326）纹饰繁缛，袋足饰牛角饕餮纹，风格相近者还有台北故宫博物馆所藏的一件盉（《综览一》盉36）。系清宫旧藏，曾著录于《西清续鉴甲编》（14.24）；后归王锡棨、卢芹斋。著录于卢芹斋1941年纽约图录。

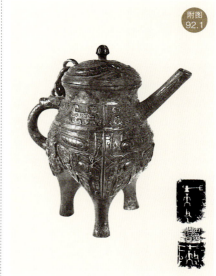

附图92.1

▌目雷纹盉 / 093

西周早期

本器圜底、三柱足，为西周早期常见之器类。形制及口沿下纹饰（目雷纹）与现藏明尼阿波利斯艺术博物馆的史父癸盉（附图93.1，《美集录》A325）极为相似，后者腹部有垂鳞纹，陈梦家曾"颇疑是后刻花文"，但终"断为真"。形制相近之器还可举出叶家山M27出土之伯生盉（《叶家山》106）和泉屋博古馆藏戈卬盉（《泉屋》53）。

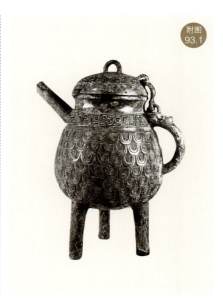

附图93.1

▌波带纹盉 / 094

西周中晚期
高11.5厘米
《综览一》盉74；SacklerII, fig.116.9
现藏日本藤井有邻馆

　　本器（附图94.1。SacklerII,
fig.116.9）器身似三足瓮，形制近于
陕西长安张家坡西周铜器窖藏所出之
伯百父盉（《铜全》五，117，自名
为"鎣"）。这种袋足盉出现于西周中
晚期，一直流行到春秋早期（年代较
晚者可举出旧金山亚洲艺术博物馆藏
盉，《遗珍》98）。

▌乐孝子盉 / 095

战国
高22.3厘米
Meiyintang, 24
赵氏山海楼旧藏，现藏瑞士玫茵堂

　　本器（附图95.1）在《综览三》也
有著录（鐎16），但云器藏波士顿美术
馆。盉身饰两周蟠螭纹，同样的纹饰
还见于山西长治分水岭M36和甘肃平
凉庙庄墓出土铺首鼎（《铜全》七，
132）。

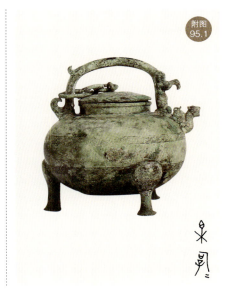

▌北单戈壶 / 096

商代后期
高50.9厘米
《综览一》壶2；SacklerI, fig.77.6；
《出光1989》78
日本浅野氏旧藏，现藏出光美术馆

　　与本器（附图96.1。SacklerI,
fig.77.6）形制近似之有盖贯耳壶，可
举出《综览一》壶21和安阳殷墟小屯
M5所出妇好壶（《铜全》三，88）；前
者纹饰风格更近于本壶。

▍兴壶 / 097

商代后期

高39厘米、口14.5～17.5厘米（《美集录》）

《美集录》A686（R.5）；ROM，43

卢芹斋旧藏，现藏加拿大皇家安大略省博物馆（Royal Ontario Museum）

　　本器（附图97.1，《美集录》A686）风格近似1952年安阳出土铜壶（《河铜》335，现藏新乡博物馆）和故宫博物院藏矢壶（《故铜》72）等。

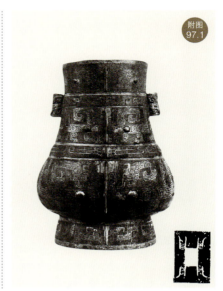

附图
97.1

▍兴壶 / 098

商代晚期

高38.5、口15.5～19厘米

《美集录》A687（R.7）

卢芹斋旧藏

　　本器（附图98.1）与097兴壶风格相近，可能为同一人所铸；有学者认为是一对壶。曾著录于卢芹斋1941年纽约图录。

附图
98.1

▍波带纹壶 / 100

西周晚期

　　本器与布伦戴奇旧藏、现藏旧金山亚洲艺术博物馆的番匊生壶（附图100.1。Bundage1977，XLI）形制纹饰相同，可能是同一器。器身饰波带纹的兽耳圆壶常见于西周中晚期至春秋中期，番匊生壶铭文中的"廿六年"当为周厉王或周宣王纪年。与本器风格相近者还可举出扶风齐家窖藏所出几父壶（《铜全》五，138）。

附图
100.1

▌饕餮纹壶 / 099

本器疑为后世修配所成。器身可能为商代后期之饕餮纹贯耳壶，近似安阳殷墟西北冈M1005大墓所出壶（《殷粹》47）；器盖口径小于壶口，色泽也不同；提梁侧视有三个尖状突起，年代较壶为晚，两端兽首很罕见，或为后做，壶盖钮上所联之物则多见于商代后期的细颈卣上，一端联钮，另一端与捉梁内侧之环相接。

▌鸟纹方壶 / 102

本器即159两壶之一，详见159说明。

▌窃曲纹方壶 / 103

西周晚期或春秋早期

本器器身纹饰风格近似上海博物馆藏春秋早期杞伯壶（《上博》461），腹部纹饰还近于梁其壶（《铜全》五，148）、晋侯邦父壶等西周晚期方壶。兽耳有长鼻的方壶流行于西周晚期至春秋早期，如梁其壶、晋侯斱壶（《铜全》六，50）和陈侯壶（《铜全》六，98）等。

▌鸟纹方壶 / 101

西周中晚期
高36.4厘米（《铜全》）
Brundage1966, XXXIII.A; Brundage 1977, XXXIX右上；《铜全》五，137
布伦戴奇旧藏，现藏旧金山亚洲艺术博物馆。

本器（附图101.1。《铜全》五，137）圈足两侧之环钮后失。这类形制的方壶很罕见，从纹饰看年代不晚，《铜全》定为西周中期，较为准确。

附图
101.1

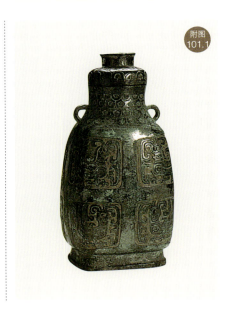

▌鸟纹方壶 / 104

西周晚期
高52厘米
《美术》37
巴黎莱奥·维尔斯夫妇藏

　　本器（附图104.1）器身形制纹饰同于赛克勒美术馆藏中伯壶（SacklerII，95）。鸟纹贯耳壶主要出现在西周晚期，周原地区也有出土，其中扶风齐家窖藏所出的一对铜壶（《周原》57、60页）风格与本壶最为相似，唯圈足纹饰有差异。

附图
104.1

▌鸟纹方壶 / 105

西周晚期或春秋早期

　　本器与《综览一》著录之"子"方壶（壶46），也即《流散》325方壶（附图105.1），形制纹饰相同，可能是同一器。风格相近之壶还有台北故宫博物馆藏敀句壶（《商酒》51）和佛利尔美术馆藏方壶（Freer1967，Plate76）。壶腹之纹饰，还见于丰镐遗址所出铜壶（《西安铜》61）。

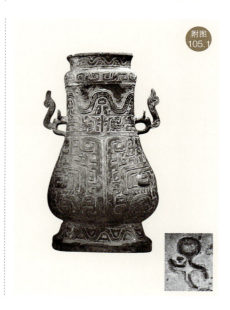

附图
105.1

▌方壶 / 106

春秋战国之际
高28.3厘米（《美集录》）
《美集录》A701、《遗珍二》117、《综览三》壶61
卢芹斋旧藏，现藏旧金山亚洲艺术博物馆

　　本器（附图106.1）系一方壶之下半部。《晋铜》已指出其纹饰与侯马所出方壶范基本相同，"器型与太原金胜村251号墓出土方壶相同"，"上半部被齐腰截掉，可能是后人因上半部残损而就势做的伪"（95页）。按周代方壶之器身一般是分铸铸接而成，该壶之残断处可能为分铸之处。

附图
106.1

▎嵌红铜鸟兽纹壶 / 107

春秋战国之际或战国早期

　　饰对称鸟兽纹之嵌红铜铺首壶，在太原金胜村M88、河南陕县后川M2041和河南淅川和尚岭M2曾有出土（《中国国家博物馆馆刊》2012年2期图二八；《国博》078；《和尚岭》图三九、四〇），时代均为春秋战国之际或战国早期。本器纹饰可辨鹿纹和由宽、窄二条组成兽身的兽纹，风格近似哈佛大学艺术博物馆收藏的一件铜壶（*Pictorial*，fig.31）。

▎射礼采桑宴乐狩猎
　　攻战纹壶 / 108

战国早期

　　本器形制纹饰同于现藏故宫博物院的一件壶（附图108.1。《铜全》七，140），二者很可能是同一器（后者为杨宁史旧藏，1946年入藏故宫博物院）。纹饰近似之壶还有四川成都百花潭M10和凤翔高王寺出土壶（《铜全》十三，98～100，《铜全》七，45），以及上海博物馆所藏的一件壶（《晋铜》575）。河南汲县山彪镇M1出土的两件"水陆攻战纹鉴"（《晋铜》579）纹饰之风格也近于本器，只是内容少了些。

附图
108.1

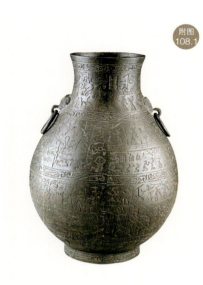

▎涡形纹壶 / 109

　　本器当为161二壶之一，参看161说明。

▍几何纹方壶 / 110

战国中晚期

　　本器形制纹饰同于辉县琉璃阁 M1（1935年发掘）所出方壶（附图 110.1，《山琉》图版捌玖），近似台北故宫博物院所藏的一件铜壶（《商酒》76）。同样形制的方壶还见于陕县后川（《铜全》八，142）和河北平山三汲中山大墓（《铜全》九，155）。

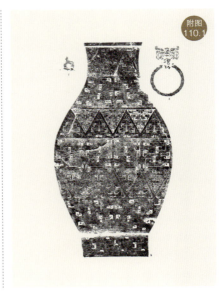

附图
110.1

▍涡纹方罍 / 112

商代后期

　　此罍纹饰简朴，风格近似德国柏林东亚艺术博物馆所藏武方罍（《遗珠》51）和安阳殷墟花园庄东地M54所出方罍（《殷新》69）。

▍饕餮纹方罍 / 113

商代后期

　　本器纹饰繁缛，肩部以下纹饰风格近于安阳殷墟苗圃北地M229所出方罍（《殷新》42）。耳的形制较特殊。有学者认为其底部比口大，下身略短，不排除下部残损、修复的可能。

▍饕餮纹瓿 / 116

商代后期

　　本器肩部以上纹饰不清，器腹和圈足纹饰近于故宫博物院藏瓿（《故铜》53）和安阳殷墟小屯M232所出瓿（《铜全》三，70）。

几何纹方壶 / 111

战国早中期

　　本器形制、纹饰同于 *Pictorial*, fig.34c 之壶（附图111.1）；二者铺首均无衔环，很可能是同一器。颈部之鸟纹近似哈佛大学艺术博物馆所藏壶（*SacklerIII*, fig.45.2）器颈之纹饰，器身纹饰则近似《尊古》4.22方壶之纹，与太原金胜村 M251 所出高柄壶（《铜全》八，77）之纹也有相近之处。

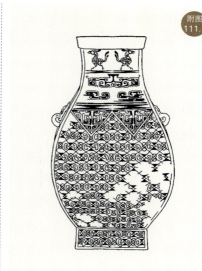

附图
111.1

饕餮纹方彝 / 114

商代后期

"23.18×24.13×20.96" 厘米

洛杉矶郡艺术博物馆官方网站

Lidow夫妇旧藏，现藏美国洛杉矶郡艺术博物馆（Los Angeles County Museum of Art）

　　本器（附图114.1）近于上海博物馆所藏的两件无盖方彝（《上博》159），唯后者饕餮两侧无倒立之夔纹。

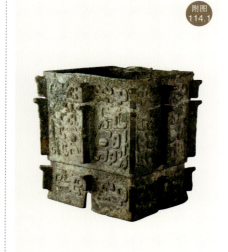

附图
114.1

饕餮纹方彝 / 115

商代后期

　　本器形制纹饰同于两件亚若癸方彝：一件为潘祖荫、卢芹斋、布伦戴奇旧藏，现藏旧金山亚洲艺术博物馆（附图115.1，《美集录》A641）；另一件先为多人收藏，后归思源堂，2011年由纽约佳士得行拍出（SYT, 822）。或为二器之一。系商代后期较晚之方彝，形制近于安阳殷墟刘家庄 M1046 所出方彝（《殷新》219）。

附图
115.1

▌交龙纹缶 / 117

春秋战国之际
高30.2、口径15.6厘米（《美集录》）
《美集录》A787；*Brundage1966,*
XXXVIII；*Brundage1977, L*
卢芹斋、布伦戴奇旧藏（1941年归卢芹
斋），现藏旧金山亚洲艺术博物馆
　　本器（附图117.1，《美集录》
A787）形制纹饰近似上海博物馆所藏
缶（《上博》572），唯后者二环已失。
这类器在平山穆家庄M8101曾有出土
（《中山国》5），墓葬年代为春秋晚期
后段。

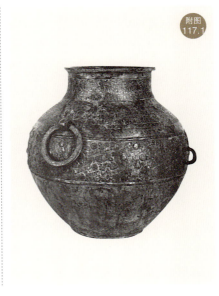

附图
117.1

▌蟠螭纹缶 / 118

春秋晚期
　　本器形制较特殊，但所饰之蟠螭
纹（或称曲龙纹）常见于晋地春秋晚期
偏晚的铜鼎上（如侯马上马墓地M15、
M4090和M5218出土铜鼎，《上马》图
三一、三二：2、三三）。由此可推断本器
之大致时代。

▌窃曲纹匜 / 119

西周晚期
　　本器形制纹饰近于日本松冈美术
馆所藏的史颂匜（《松冈》单色图版
8），但流口特征不同。所饰之窃曲纹，
还见于梁其簋（《上博》388）圈足。

▌龙纹弓形器 / 122

商代后期
　　本器首呈圆勺状，弓背饰相对的"瓶
形"角龙纹；圆勺形首此前仅见于安阳殷
墟小屯M238所出弓形器（《北组》图版
贰玖壹、贰玖贰）；弓背纹样近似安阳殷
墟小屯M5所出弓形器（《殷铜》146下）。
本器形制较特殊，是弓形器中年代较早
者。

▌交龙纹四耳鉴 / 120

战国早期

  本器与上海博物馆藏四耳鉴（附图120.1，《上博》528）形制纹饰相同，很可能是同一器。带圈足的铜鉴出现年代不早于春秋末年，其中有四耳者，还可举出佛利尔美术馆所藏的智君子鉴（《铜全》八，96）和太原金胜村M251所出鉴（《铜全》八，98）等。

附图
120.1

▌四足方炉 / 121

战国晚期—西汉

  本器与布伦戴奇旧藏、现藏旧金山亚洲艺术博物馆的铜炉（附图121.1。《铜全》八，153）形制相同，很可能是同一器。长方体四足炉在淄博临淄窝托村曾出土一件（《铜全》十二，85），时代为西汉早期。林巳奈夫将其称为"鉴"（《综览三》鉴15）。

附图
121.1

▌斧 / 123

周代

  本器也可能是锛，准确时代待考。

▌"棺环" / 124

战国晚期

　　本器与安徽寿县李三孤堆出土、现藏故宫博物院的"棺环"(《铜生》33)纹饰相同，只是后者兽首衔环在中部。《尊古》也著录了两件这样的器物(4.35、36)。

▌有翼兽形器 / 125

春秋晚期或战国早期

　　本器作有翼兽形，可能是某器物之部件。形制近似之器在大都会艺术博物馆和明尼阿波利斯艺术博物馆均有收藏(附图125.1。*Pillsbury*，94)。泉屋博古馆也有4件这样的翼兽(《泉屋清赏》[新收编]图版12-15)，传1930年河南新乡附近出土，还同出有鸟形饰和兽形饰，梅原末治推测它们是一件大圆壶的铜饰。这类有翼兽的姿态特征近于河南淅川徐家岭M9所出神兽(《铜全》十，84)，时代或相当。

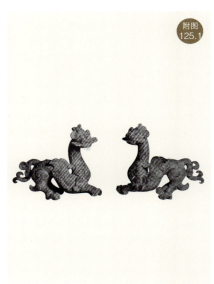

附图
125.1

▌兽形器 / 126

战国早中期

　　本器似虎形，与皮尔斯伯里旧藏、现藏明尼阿波利斯艺术博物馆的一件兽形(附图126.1。*Pillsbury*，93)器形纹饰相同，可能是同一组、甚至是同一件器物。形制还近于故宫博物院所藏"龟鱼纹方盘"(《故铜》287)之兽形器足和平山中山王墓出土错金银神兽(《中山国》107)。

附图
126.1

▍夔形内玉援戈
（内及援本拓本）/ 127

商代后期

    本器当为铜内玉援戈，近似大阪山中商会旧藏品（《遗宝》图版二四：2），也即温索浦旧藏之戈（附图127.1，《遗物》图版三五：2）。其风格近于安阳殷墟小屯M5所出的一件戈（《国博》022）。

附图127.1

▍饕餮纹方镜 / 128

战国
边长14.7厘米
《泉屋名品》30
现藏泉屋博古馆

    方形，弦钮；主纹为两个饕餮纹，宽平素缘（附图128.1）。战国时期方镜发现相对较少，1988年河南洛阳西工区出土一件（《铜全》十六，18）；多有流散海外者，如纳尔逊—阿特金斯美术馆和皇家安大略省博物馆各收藏一件（《遗珍》163；《遗珍二》152），日本私人收藏两件（《铜全》十六，17、19）。

附图128.1

▍四兽纹镜 / 129

战国中晚期

    四兽纹镜在湖南战国楚墓中发现较多（《长沙》245～246页），传世品也不在少数（如《遗珍》165、《遗珠》164等），四兽基本都是以爪抓尾相连；本镜之四兽则是以口咬尾相连，较为罕见。

神人车马画像镜 / 130

东汉

　　画像镜东汉中期开始出现，在南方地区逐渐流行，主要出土于南方江浙一带，浙江绍兴发现数量尤多，（《铜镜》100～101页）。本镜锈蚀较重，纹饰不甚清晰。

神人车马画像镜 / 131

东汉

　　本镜主纹四区中，两区为神人，两区为四马驾辌车。近于浙江诸暨董公村出土的石氏镜（《浙镜》彩版13）和故宫博物院所藏的一面镜（《铜生》101），细部纹饰尤近于后者。

神人车马画像镜 / 132

东汉

　　本镜四区纹饰中，两区为神人，其中之一标注"西王母"，另一神人即东王公；另两区，一区为马车，一区为双神兽。

吕氏神人龙虎画像镜 / 133

东汉
径22.05厘米（《铜全》）
《铜全》十六，79；《铜生》106
现藏故宫博物院
　　四乳之间饰以神人、龙虎等，其外有一圈铭文（附图133.1。《铜全》十六，7）。绍兴出土一面画像镜（《浙镜》图版29），直径19厘米，纹饰布局与本镜相近。

附图
133.1

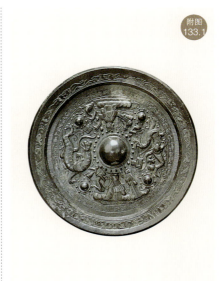

▍神人龙虎画像镜 / 134

东汉

　　本镜两神人旁分别标注"东王公"和"西王母"。纹饰近于诸暨五湖村出土铜镜（《浙镜》彩版23）。

▍神人神兽画像镜 / 135

东汉

　　本镜纹饰近于绍兴出土、现藏浙江省博物馆的一面铜镜（《浙镜》彩版22）。

▍鸾鸟瑞兽镜 / 136

盛唐或中唐

　　本镜近于河南偃师杏园唐开元十七年（729年）袁氏墓所出的一面镜（《杏园》彩版10：1）。

▍错金兽纹铁镜 / 137

东汉

　　本镜工艺近于中国国家博物馆藏东汉错金五兽纹铁镜（直径16.5厘米。见《华夏之路》第二册，朝华出版社，1997年，147页）。铁镜之错金、银者很少见，甘肃武威雷台汉墓曾出土一面错金银鸾凤曼枝纹铁镜（《考古学报》1974年2期《武威雷台汉墓》文后图版拾陆、拾柒）。

灯 / 138

汉代

自下而上分为三层。底层围绕中心柱一周铸九个灯盘，其后部饰火焰纹。中层有一圆形较大灯盘，上层为一小灯盘，边缘铸三个火焰装饰。形制同于故宫博物馆所藏的一件灯（高30.1、宽21.6厘米。附图138.1，《铜生》80），二者很可能是同一器。

附图 138.1

银杯 / 139

盛唐

敞口，下腹内收，高圈足，器表饰缠枝纹。西安东南郊沙坡村出土15件唐代银器，其中有一件折枝纹弧腹银高足杯，高4、宽6.2厘米，属于8世纪前半叶标准器（《金研》39~45页）。

蛤形银盒 / 140

盛唐至中唐

器身仿河蚌，由两瓣组成。器表为珍珠地，錾刻繁缛的缠枝花纹。科学发掘品目前可知有4件，西安东郊开元六年（718年）墓、开元二十一年（733年）韦美美墓，偃师杏园开元二十六年（738年）李景由墓、大历十三年（778年）郑洵墓各出土1件，时代均在8世纪中叶及以前，反映出蛤形银盒的流行时段（《金研》93~95页）。李景由墓出土银盒最大径3.6、高1.7厘米；郑洵墓出土银盒最大径9.6、高4厘米（《杏园》130~133页）。

金涂阿育王塔 / 141

北宋

五代时期，吴越国王钱（弘）俶仿照印度阿育王建造八万四千塔的故事，制作了数量众多的金属小塔，作为藏佛经或舍利之用。这些留存至今的阿育王塔，见于浙江、江苏、河南、河北等地五代至元明时期的佛塔地宫、塔顶及塔身中。质地以铜、铁为主，器表鎏金。在浙江杭州雷峰塔地宫内发掘出土1件五代吴越国铸造的鎏金纯银阿育王塔（《考古》2002年7期图版捌：2），高35.6厘米，重1272克。

▌十三级楼阁式塔 / 142

明清

▌饕餮纹钮钟（2件）/ 143

春秋晚期

　　二钟形制纹饰与008钟相同，后者可能即其中之一。

▌云雷纹鼎（2件）/ 144

春秋晚期

　　二鼎形制纹饰与025鼎相同，后者可能即其中之一。

▌叔龟鼎、绚索纹鼎 / 145

叔龟鼎
商代后期
《邺初》上10、《铭图》410
现藏故宫博物院

　　本器（附图145.1，《铭图》410）与另一件同铭之鼎（《邺二》上6）均传出自安阳。器壁弧度较大，风格与安阳殷墟武官村M259所出鼎（《殷新》44）有相近之处。

绚索纹鼎
战国中晚期

　　本器盖上有卧兽，器身饰一周绚纹，系三晋两周地区的产品。附耳

上端为圆环形，形制特殊。此类耳的鼎，多为南方楚器，如湖北荆门包山

附图
145.1

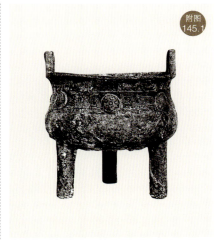

M2所出的几件鼎（《包山》图五七：5，图五八：1、2）。

▌饕餮纹簋、重环纹簋 / 146

饕餮纹簋

本器即034簋。

重环纹簋

西周中晚期

本器口沿下饰重环纹，圈足饰两周弦纹，形制纹饰同于《综览一》小型盂93（附图146.1），可能是同一器。这类形制特殊的簋，1979年河南禹县吴湾M2、M3各出土两件，均饰窃曲纹，M2所出者有"谏作宝簋"之铭（《铜全》六，99）。

▌目纹簋、窃曲纹簋 / 147

目纹簋

西周早中期

本器器身口沿下为大小相间之目纹，形制纹饰同于现藏意大利国立东方艺术博物馆的保侃母簋（附图147.1，《综览一》簋221）。器盖则同于传出河北，后为刘体智、于省吾所藏之保侃母簋盖（附图147.2，《双吉》上12）。因此本器可能即保侃母簋。但我们所知的保侃母簋和簋盖，自发现以来似乎从未合一。照片是它们出土后曾经在一起的证据，还是说明存在另一件保侃母簋，有待讨论；也可能本器并非保侃母簋，只是形制纹饰同于后者。

窃曲纹簋

西周中期

本器与《综览一》簋197（附图147.3）形制纹饰相同，据介绍，后者为布伦戴奇旧藏，后归旧金山亚洲艺术博物馆，高15.5厘米。《流散》108之￥簋（附图147.4）也同于本器，器高31.5厘米，1986年由纽约苏富比行拍出，归英国皮特·莫斯爵士所有。《综览一》和《流散》著录的两件簋形制纹饰相同，但尺寸相差悬殊，令人生疑。布伦戴奇所藏铜器已出版几本图录，均未见这样的簋，《综览一》可能有失误。本器与《流散》108可能为同一器，也可能原是一对。

附图
147.2

附图
147.3

附图
147.1

附图
147.4

▌饕餮纹尊（2件）/ 148

商代后期

　　二器与064、065尊风格完全相同，经比较可确定右尊即065尊，也就是现藏明尼阿波利斯艺术博物馆之𡕹尊。左尊或为064尊，或为另一件器物（064和065尊无法确定是否一件）。

▌饕餮纹尊（2件）/ 149

饕餮纹尊（右）

　　本器即067尊。

饕餮纹尊（左）

商代后期

　　本器与右尊形制接近，但器体稍矮，纹饰细部难以看清。

▌饕餮纹觚、力册父丁觚 / 150

饕餮纹觚

商代后期

　　本器整体较粗，腹微鼓出，腹部饕餮纹及圈足纹饰均界以联珠纹，纹饰布局近于安阳殷墟小屯M238所出觚（《殷粹》24）。

力册父丁觚

商代后期

高29.8、口径16.6厘米

Pillsbury, 25；《美集录》A475(R.106)

卢芹斋、皮尔斯伯里旧藏（1938年归皮氏），现藏明尼阿波利斯艺术博物馆

　　本器（附图150.1，《美集录》

附图150.1

A475）纹饰近于河南罗山蟒张出土的亚鸟觚（《铜全》四，68）和上海博物

馆藏冉觚（《铜全》二，122），但扉棱和基座较发达，年代较晚。

▌饕餮纹觚、夔纹觚 / 151

饕餮纹觚（左）
商代后期

　　本器扉棱较矮，近于亚鸟觚和冉觚。

夔纹觚（右）
商代后期

　　器腹和圈足分别饰倒立夔纹和曲体夔纹之铜觚常见于商代后期；但本觚所饰蕉叶纹内有倒立简化饕餮纹，在这类觚中并不常见。

▌饕餮纹觚、夔纹觚 / 152

饕餮纹觚（右）
商代后期

　　本器扉棱较矮，器腹和圈足上的主题纹样以宽线条构成，较为抽象，风格近似安阳殷墟大司空M663所出觚（《铜全》二，108）。

夔纹觚（左）
商代后期

　　本器器腹和圈足饰夔纹，蕉叶内纹饰较为繁缛，不常见。

▌饕餮纹爵（2件）/ 154

饕餮纹爵（左）
商代后期

　　本器饕餮纹口部横贯通，形制纹饰近于153爵，但无扉棱。风格近似之器发现较多，如檀香山艺术博物馆所藏之旞爵（《美集录》A366）、Booth旧藏之冈爵（《美集录》A366）和安阳殷墟武官村M1所出爵（《殷铜》95）。

饕餮纹爵（右）
商代后期

　　本器腹部饰分解饕餮纹和倒立夔纹，主纹面无地纹，风格近于安阳殷墟范家庄M4所出爵（《殷新》78），唯后者饕餮纹旁无倒立之夔纹。

▌饕餮纹爵（2件）/ 153

商代后期

　　两爵形制纹饰相同，可能为一对；与卢芹斋旧藏之册爵（附图153.1，《美集录》A364）风格相同，后者或为其中之一。二爵所饰之饕餮纹近似安阳殷墟小屯M5所出亚其爵（《殷铜》54）和大司空M539所出奉爵（《铜全》三，6）之纹饰。

附图
153.1

饕餮纹爵（2件）/ 156

饕餮纹爵（左）
商代后期

本器腹部饕餮纹风格近于155右爵，但饕餮纹上方为三角蝉纹。

饕餮纹爵（右）
商代后期

本器无扉棱，形制纹饰近于安阳殷墟GM2575出土之爵（《殷铜》179）。

饕餮纹角（2件）/ 157

商末周初

二角形制、纹饰基本相同，可能为一对。饰阴线、抽象的饕餮纹，风格近似上海博物馆藏陆父甲角和冀父辛角（《上博》100、98）。同类器在山东滕州前掌大墓地多有发现（《前掌大》图版一一一：2、一一二）。

饕餮纹角（2件）/ 158

商代后期

两角形制纹饰相同，可能为一对。右侧之角铭文可见"亚"字，应即308之亚貘父丁角。

饕餮纹爵（2件）/ 155

饕餮纹爵（左）
商代后期

本器饰分解饕餮纹和蝉纹，风格同于布伦戴奇旧藏×箙爵（附图155.1，《美集录》A357），也近于安阳殷墟大司空南M304和西区G875所出爵（《铜全》三，15；《殷铜》69）。

饕餮纹爵（右）
商代后期

本器近似154右爵。

附图155.1

▌鸟纹方壶（2件）/ 159

西周中期

　　二壶（左壶即90壶）与根津美术馆所藏两件铜壶（《根津2009》22、23）形制纹饰相同，可能是同一对器物，但无法一一对应。根津美术馆之二方壶多有著录，其中22号（附图159.1）即《铜玉》109；《铜全》六，133；《综览一》壶50。有一字铭文，应系伪铭。23号（附图159.2）即眉𣂪壶（SacklerII, fig.95.3）。两壶通高在58.5～59厘米间。在西周时期兽耳衔环方壶中为年代较早者。

▌虎形足壶（2件）/ 162

春秋晚期或战国早期

　　本器圈足下有三个屈体虎形足，这类壶还可举出赛克勒美术馆和德国汉堡美术工艺博物馆所藏者（SacklerIII, 43；SacklerIII, fig.43.3）。学者已指出台北故宫博物院和圣路易斯艺术博物馆所藏屈体铜虎应是壶之底座（《晋铜》380、382），这种部件还见于美国西雅图艺术博物馆。

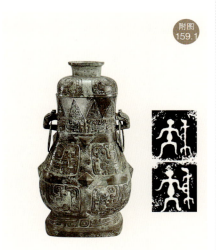

附图
159.1

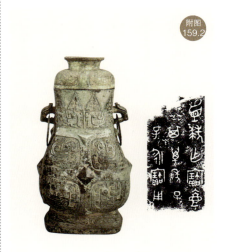

附图
159.2

▌云雷纹壶（2件）/ 161

春秋晚期或稍晚

　　二壶形制纹饰同于卢芹斋旧藏、现藏赛克勒美术馆的一对铜壶（附图161.1。SacklerIII, 42），也就是《美集录》A708、709二器，可能是同一对器物。所饰云雷纹和涡形纹还分别见于025鼎和040豆。上海博物馆也藏有风格相同的壶（《上博》614）。

附图
161.1

▌重环纹壶 （2件）/ 160

西周中晚期

二壶形制纹饰同于皮尔斯伯里旧藏、现藏明尼阿波利斯艺术博物馆的伯鱼父壶（附图160.1，《美集录》A704）和曾见于巴黎的另一件伯鱼父壶（附图160.2，《美集录》A705），但不能判断是否同一对器物（图中左侧壶圈足底部似高于两件伯鱼父壶）。腹饰络带纹的贯耳圆壶，还可举出孟戜父壶（《综览一》壶67）。

附图160.1

▌提链壶 （2件）/ 163

战国早中期

这对提梁壶颈部有四系，圈足较矮，腹部饰素带间隔之纹饰，器身风格近于161壶。同类器还可举出陕县后川M2040、洛阳中州路M2717、汲县山彪镇M1等战国墓所出壶（《陕县》图版三三：1；《中州路》图版陆肆：2；《山琉》图版拾柒：1）以及《美集录》A715、716壶。

附图160.2

▌涡纹罍 （2件）/ 164

商末周初

两件罍形制接近，但圈足一高一矮，当非一对（商周墓葬中罍一般单出）。二罍风格同于灵石旌介M1出土罍（《旌介》图56）、泾阳高家堡M4出土罍（《高家堡》单色板34）和随州叶家山M111出土之父丁罍（《叶家山》067）。

▌嵌绿松石
曲内戈（2件）/ 165

商代后期
长39.2厘米（左）；长39.4厘米（右）
Freer1946, 44
现藏佛利尔美术馆（1939年入藏）

　　两件戈经比较佛利尔美术馆官方网站所发表图片，可确定是佛利尔美术馆1939年入藏的两件戈（附图165.1），风格相同的戈在安阳殷墟小屯M5也有出土（《殷铜》145）。

附图
165.1

▌四乳四神镜、瑞兽
画像镜/ 166

四乳四神镜
东汉

　　本镜方钮座内有"长宜子孙"之铭。

瑞兽画像镜
东汉

　　本镜主纹四区为二龙、一虎、一马（马上有小鸟），风格近于绍兴新建大队出土铜镜（《浙镜》彩版24）。

▌神人禽兽
画像镜（2件）/ 167

东汉

　　两镜形制纹饰基本相同。主纹四区分别为龙、虎、雀、羽人，风格近于绍兴傅家坞出土铜镜（《浙镜》彩版21）。

▌环状乳神兽镜（2件）/ 169

环状乳神兽镜（上）
东汉

　　神兽镜大多出土于长江流域及南方地区，从发现数量较多的纪年镜来看，神兽镜出现于东汉中期，盛行于东汉晚期（《铜镜》95～96页）。本镜镜背有铭文，待考。

环状乳神兽镜（下）
东汉

　　本镜近似上海博物馆所藏东汉永康元年神兽镜和中平四年神兽镜（《铜全》十六，62、64）。

▌杜氏镜、神人车马 画像镜 / 168

杜氏镜

东汉

直径18.7厘米

《铜生》99

现藏故宫博物院

　　这件七乳镜（附图168.1）有铭文23字，可知为杜氏所作。

神人车马画像镜

　　即131镜。

▌眉寿钟、鸟纹方壶 / 170

眉寿钟

　　本器即004甬钟。

鸟纹方壶

　　本器即101方壶。

▌夔纹鼎、目雷纹鬲 / 171

夔纹鼎

西周早期

　　本器索状耳，饰涡纹和夔纹，近似故宫博物馆藏伯龢鼎（《故铜》109）、宝鸡竹园沟M7所出丰公鼎（《分期断代》鼎44）和随州叶家山出土的曾侯谏鼎（《叶家山》002、024、082）。但三足上部有兽首，很特殊。

目雷纹鬲

西周早期

　　本器索状耳，颈、腹有明显分界，颈部饰目雷纹，风格近似洛阳唐城花园C3M417和扶风刘家村西周墓所出鬲（《文物》2004年7期5页图三；《周原》1157页）。

▌夔纹方鼎、🜨簋／172

夔纹方鼎
商代后期

　　本器形制纹饰近于哈佛大学艺术博物馆所藏🜨方鼎（《美集录》A69）和《流散》51之得父癸方鼎。

🜨簋
商代后期
高15.1、口径20.6厘米（《美集录》）
《美集录》A164（R.25）、《遗珍》13
卢芹斋、温索浦旧藏，现藏哈佛大学艺术博物馆（1943年入藏）

　　本器（附图172.1）风格近于安阳殷墟郭家庄文源绿岛M1所出获亚簋（《殷新》107）。《美集录》认为簋"两耳安在器身花文之上，疑是后加，此器或者本来是无耳簋"。同铭之方鼎也是卢芹斋、温索浦旧藏，并与簋同年入藏哈佛大学艺术博物馆；二器或同出。

附图
172.1

▌饕餮纹分裆鼎、方格乳丁纹簋／173

饕餮纹分裆鼎
商末周初

　　大饕餮纹分裆鼎流行于商代后期至西周早期。本器口沿较宽薄，年代或较晚。

方格乳丁纹簋
商末周初

　　本器形制近似辉县褚邱所出簋（《河铜》353）；腹部饰方格乳丁纹，风格又近于爻父乙簋（《综览一》簋243）。

▌亚戈父己鼎、夔纹簋／174

亚戈父己鼎
商末周初
高19.5、口径15.9厘米
Pillsbury, 4;《美集录》A80（R.150）
卢芹斋、皮尔斯伯里旧藏（1941年归皮氏），现藏明尼阿波利斯艺术博物馆

　　本器（附图174.1）形制纹饰近于安阳殷墟孝民屯M1573出土的父乙鼎（《铜全》二，55）和河南伊川出土的子申父己鼎（《铜全》五，38）。

夔纹簋
西周早期

　　本器与卢芹斋旧藏、现藏出光美术馆的卜盂簋（附图174.2，《美集录》A178；《出光1989》18）形制纹饰相同，很可能是同一器。风格近于随州叶家山M4所出叔桑父簋（《叶家山》130）。

鸟纹鼎、夔纹簋 / 175

鸟纹鼎

西周早期

高32.2厘米（CBA）

ACB, 44a; *CBA*, 24; *SacklerII*, fig.38.8

Raphael 旧藏，现藏大英博物馆（British Museum）（1945年入藏）

　　本器（附图175.1。CBA，24）所饰鸟纹冠和躯体有多个尖出之小羽，很有特点。饰此类纹饰的铜器还有数件，器形有方鼎、簋、尊、卣、觥等，大多出土于今宝鸡地区，年代均约为周初（或可早至商末）（陕西韩城梁带村M27出土之卣应为仿古制品，纹饰粗糙，可不论）。

夔纹簋

西周早期

　　本器形制纹饰同于《通考》264之伯簋（附图175.2）和陕西麟游蔡家河出土铜簋（《综览一》簋169）。

附图 175.1

附图 175.2

附图 174.1

附图 174.2

▌饕餮纹鼎、窃曲纹簋 / 176

饕餮纹鼎

西周

　　本器饰饕餮纹和三角蝉纹，足细高，与湖南望城高砂脊AM1：4鼎（附图176.1，《考古》2001年4期图版伍：2）风格近同，文化性质一致。高砂脊M1的年代发掘者定为西周；也有学者定为商代后期。

窃曲纹簋

西周中晚期

　　本器与潘祖荫旧藏、现藏故宫博物院的仲殷父簋（附图176.2，《尊古》2.4）形制纹饰相同，仲殷父簋有数件（《铭图》4906～4914），本器很可能是其中之一。

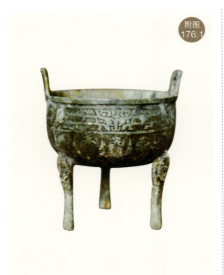

附图 176.1

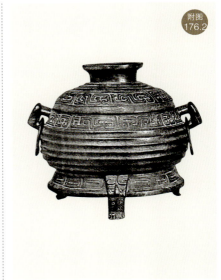

附图 176.2

▌饕餮纹鼎、饕餮纹卣 / 177

饕餮纹扁足鼎

商末周初

　　本器与《综览一》扁足鼎31（高15.4厘米。附图177.1）形制纹饰似相同，可能是同一器。形制相近之鼎还有《通考》36之鼎。

饕餮纹卣

商代后期

　　本器器形近于044卣，但盖钮无立鸟，提梁无脊，两端兽首无角，而且只有颈部有一周饕餮纹。同样风格的卣还有安阳殷墟小屯M18和武官北地M17所出卣（《铜全》三，115、117）。

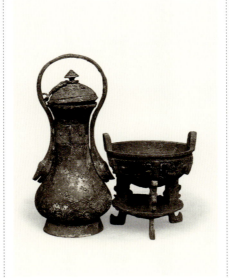

附图 177.1

▌饕餮纹方鼎、夔纹卣 / 178

饕餮纹方鼎

商代后期

本器形制纹饰近似亚醜方鼎（《商礼》96、97）、亚醜父己方鼎（《故铜》78）和屰父庚方鼎（附图178.1，《流散》47），纹饰细部特征与屰父庚方鼎几乎相同，不排除是同一器的可能性。风格与著名的小臣缶方鼎（《故铜》22）也比较接近。

夔纹卣

商末周初

本器与民国时期"安阳薛庄"出土之卣（附图178.2，《腾稿》图二四）形制纹饰相同，可能为同一器；也近于1952年辉县褚丘出土之卣（《河铜》354），唯后者夔纹上下无联珠纹。

附图
178.1

附图
178.2

▌羞方鼎、觚 / 180

羞方鼎

即246之羞方鼎。

觚

商代前期

本器整体粗矮，圈足有镂孔，下有底座，腹部似无纹饰。从形制看要早于殷墟时期。

▌夒纹鼎、夒纹尊 / 179

夒纹鼎

商代后期

　　本器形制纹饰同于上海博物馆
藏俪鼎（附图179.1，《上博》47），
不排除为同一器的可能性。此类束颈
鼓腹之鼎，在商代后期并不多见。

夒纹尊

西周中期

　　本器与刘体智、于省吾旧藏，现
藏故宫博物院的"作从（?）尊"（附
图179.2，《双古》上17）形制纹饰相
同，很可能是同一器。根据纹饰可断
为西周中期器。

附图
179.1

附图
179.2

▌𢀜鼎、饕餮纹爵 / 181

𢀜鼎

商代后期

高19、口径15.3厘米

《邺三》上9；《美集录》A35（R.67）

伏克（Mgron S.Falk）旧藏

　　本器（附图181.1，《美集录》A35）
风格近似安阳殷墟郭家庄95M26所出鼎
（《殷新》12），唯后者三足无纹饰。

饕餮纹爵

商代后期

　　本器伞状柱帽，腹部扉棱连至流、
尾下，且末端伸出流口和尾端。相近之器
可举出《美集录》A349、A350等爵。腹
部之饕餮纹同于《集成》7621之戈爵。

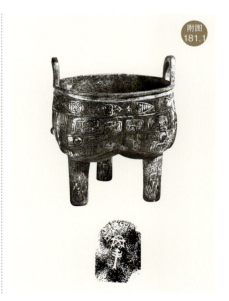

附图
181.1

▌重环纹鼎、饕餮纹斝 / 182

重环纹鼎
西周晚期

　　本器半球腹，所饰重环纹为大、小重环相间的形态，这种鼎流行于西周晚期，著名者可举出毛公鼎（《铜全》五，36）、善夫山鼎（《分期断代》鼎72）等。

饕餮纹斝
商代后期

　　本器鋬内有铭文"且乙□"，似未见著录，真伪难辨。风格最近于《美集录》A310之⊕斝，也近于安阳殷墟小屯M18所出斝（《铜全》三，39）。

▌夔纹鼎、夔纹盉 / 183

夔纹鼎
商代后期

　　本器腹较深，饰口朝下的卷尾夔纹和蕉叶纹，纹饰近似灵石旌介M3出土𬊈方鼎（《铜全》四，21）和思源堂旧藏之龚姒方鼎（SYT，837）；但扉棱仅与夔纹带等宽，在方鼎中罕见。

夔纹盉
西周中期

　　本器盖钮为圆环形，饰"S"形顾首夔纹，与大英博物馆所藏季老或盉（《综览一》盉62）最为近似。顾首夔纹流行于西周中期；环形盖钮的盉也多见于西周中期，如泉屋博古馆藏盉（《泉屋》55）和翼城大河口M1017出土霸伯盉（《大河口》187页）。

▌饕餮纹鼎、曲柄鐎 / 184

饕餮纹鼎
商代后期

　　口沿下饰此类饕餮纹的鼎在殷墟墓葬中出土过几件（《殷铜》186，《殷新》152、163），但纹饰细部与本器有差异。曾见于伦敦苏富比行的子鼎（《流散》22）形制纹饰与本器最为接近。

曲柄鐎
西汉

　　与275鐎相比，本器柄较粗较短，时代或稍晚。

▌蝉纹分裆鼎、涡纹罍 / 185

蝉纹分裆鼎
商代后期

腹饰方格纹的分裆鼎罕见，安阳殷墟小屯M5曾出土一件（《殷铜》108）。

涡纹罍
商代后期

本器与美国杜克旧藏之"身妾罍"（高14.5厘米。附图185.1，《美集录》A776）形制相同，纹饰也一致，可能是同一器。这类小型有盖罍，还可举出旧金山亚洲艺术博物馆所藏罍（《遗珍》35。高14.61厘米）。

附图185.1

▌饕餮纹分裆鼎、饕餮纹方彝 / 186

饕餮纹分裆鼎
商代后期

本器饰细长体夔纹和卷角饕餮纹，形制纹饰近于卢芹斋旧藏、后归伏曼的閃鼎（《美集录》A30）。

饕餮纹方彝
商代后期

本器所饰饕餮纹较抽象，风格近似芝加哥阿尔道夫旧藏乙冉冉癸方彝（现藏佛利尔美术馆。SacklerI, fig.77.13）和洛杉矶郡艺术博物馆藏方彝（博物馆官方网站。Lidow夫妇旧藏）。

▌夔纹鼎、饕餮纹方彝 / 187

夔纹鼎
商代后期
高23.1厘米
Sackler1987, 117; SacklerI, 85; 《铜全》二，36
现藏赛克勒美术馆

本器（附图187.1。《铜全》二，36）饰夔纹和三角蝉纹，形制纹饰近于017鼎，但纹面较平。

饕餮纹方彝
商代后期

本器饰饕餮纹和鸟纹，形制纹饰同于故宫博物院藏栩方彝（附图187.2，《辨伪》图三四三），二者应该是同一器。栩方彝铭文著录于《集成》（9839），1959年由北京市文化局调拨至故宫博物院。《辨伪》认为"盖是新配的，修配盖太穷气，不丰满，花纹呆板，盖内字是摹器铭翻过

来刻的"，可从。本器器身形制纹饰近似大都会艺术博物馆所藏旅方彝（SacklerI, fig.77.15），后者之盖当为原配。"栩"铭之鼎曾见于安阳殷墟西北冈M2020（《殷粹》4）。

波带涡纹扁足鼎
商代后期

　　本器与分别藏于藤井有邻馆和旧金山亚洲艺术博物的两件北单戈鼎（附图188.1，《铭图》983。附图188.2，Brundage1977，Ⅴ左）形制纹饰相同。另故宫博物院还有一件北单戈鼎（《集成》1750），器形未见，或同于上述二鼎。本器可能是三件铜鼎之一。

饕餮纹方彝
商代后期

　　器、盖分离，器身饰鸟纹和饕餮纹，形制纹饰同于上海博物馆所藏的鼎方彝（附图188.3.《铜全》四，72），锈蚀状况也相似，二者可能是同一器。器身饕餮纹近于安阳殷墟大司空M663和郭家庄M26所出方彝（《殷新》33、20），但中无扉棱，较特殊。

附图 188.1

附图 188.2

附图 188.3

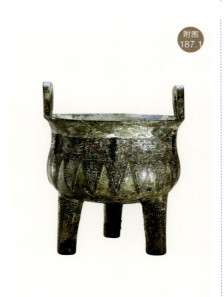

附图 187.1

附图 187.2

▌斜角云纹鼎、勺 / 189

斜角云纹鼎

战国早中期

　　本器与上海博物馆所藏的一件鼎（附图189.1，《上博》558）形制纹饰完全相同，很可能是同一器。铺首蹄足鼎还见于太原金胜村M251（《铜全》八，24），从纹饰看，时代要早于本器。

勺

战国早期

　　本器勺身横长，形制相同之器可举出汲县山彪镇M1和陕县后川M2040出土铜勺（《综览三》勺8；《陕县》图版三九：3左）。

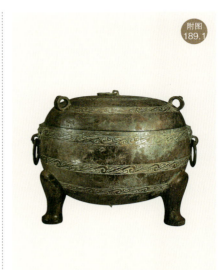

附图
189.1

▌饕餮纹鼎、带钩 / 190

饕餮纹鼎

　　本器即023鼎。

带钩

东周

　　此为动物形带钩。

▌饕餮纹簋、雷纹卣 / 191

饕餮纹簋

商代后期

　　本器形制纹饰近似《综览一》簋37（附图191.1），可能为同一器。

雷纹卣

商代后期

　　本器风格近似048卣，索状提梁较细密，在这类卣中年代偏早。

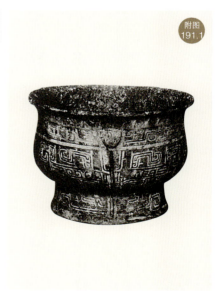

附图
191.1

▍目纹簋、雷纹卣 / 192

目纹簋
商末周初

　　本器窄沿，器腹和圈足较直，形制纹饰近于台北故宫博物院所藏的一件簋（《商粢》17）。形制相近之器还有故宫博物院所藏的逦簋和亚害簋（《故铜》29、30）。

雷纹卣
商末周初

　　本器形制纹饰同于刘体智旧藏、现藏台北中研院史语所的戠己卣（附图192.1，《尊古》2.11），很可能是同一器；器盖盖缘上有两周弦纹，是其特点。

▍卷体夔纹簋、冀父丁觯 / 193

卷体夔纹簋
西周早期

　　本器腹部无扉棱，腹部所饰卷体夔纹（又称蜗龙纹）之下颌上卷，无齿，与之形制纹饰最接近者是《美集录》A213之簋（鲁本斯藏）。饰卷体夔纹的铜簋只流行于西周早期，传世品较多，墓葬也多有出土。

冀父丁觯
商末周初

高17、口15×12.5厘米

《美集录》A554（R.71）

叶志诜、卢芹斋、布伦戴奇旧藏

本器（附图193.1）旧称"尊"，形制

特殊。

▍饕餮纹簋、饕餮纹瓿 / 194

饕餮纹簋
　　本器即031簋。

饕餮纹瓿
商代后期

　　本器腹部和圈足饰分解饕餮纹，腹上部饰一周蛇纹，风格近于150右和151左之瓿，但口部蕉叶纹中无简化饕餮纹，器腹和圈足之间为蝉纹。近似安阳殷墟西北冈M2006和孝民屯M198所出瓿（《殷粹》26；《铜全》二，110）。

云纹簋

商末周初

　　本器形制纹饰同于陈梦家《海外中国铜器图录》17之簋（藏弗莱堡市，附图195.1）。陈梦家指出"《武英殿彝器图录》页六十一之簋"（附图195.2、《通考》221）与弗莱堡之簋"形制花纹完全相同"。《武英殿》所录簋即冉簋，现藏台北故宫博物院，《商粲》15原应是此簋，所录纹饰拓片也与冉簋相同，但器物图象则不类，恐误。

饕餮纹斝

商代后期

　　本器近平底，菌状柱帽，器形与《综览一》斝42最为相近。纹饰风格近于安阳殷墟小屯M188和M18所出斝（《铜全》三，38、39）。

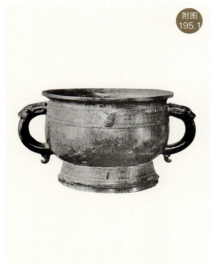

附图195.1

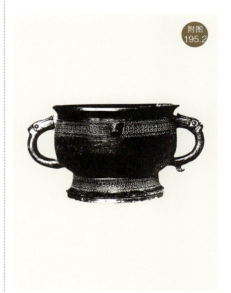

附图195.2

饕餮纹簋

西周早期

　　本器形制纹饰近于著名的献簋（《分期断代》簋17）。同样风格的簋多见于西周早期墓葬（如泾阳高家堡M2、长安张家坡M178等）。

饕餮纹斝

商代后期

　　斝盖置于簋前，细辨斝身可知其腹部饰饕餮纹，下颌外撇，饕餮纹旁有倒立之夒纹，近于故宫博物院藏册方斝（附图196.1、《故铜》37）之纹饰，不排除二者为同一器的可能性。

附图196.1

▌夔纹簋、乐孝子盉 / 197

夔纹簋

西周早期

　　本器与𠁷𠁷父丁簋（附图197.1，《流散》88）、伯威父簋（《流散》91）形制纹饰基本相同，与前者尤为近似。河南鹤壁庞村西周墓所出的"伯作"簋（《文物资料丛刊》3，39页图二二）风格也近似本器。

乐孝子盉

　　即095盉。

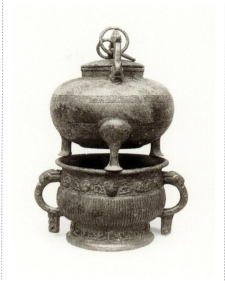

▌饕餮纹簋、散虺纹壶 / 198

饕餮纹簋

西周早期

　　本器与196之簋风格近似，而珥尤大。

散虺纹壶

战国

　　本器纹饰风格近于台北故宫博物院所藏二壶（《综览三》壶82、83），铺首为小牛首形，比较特殊。

▌饕餮纹簋、鱼兽纹盘 / 199

饕餮纹簋

商代后期

　　本器口沿下有一周三角纹，纹饰布局近于安阳殷墟戚家庄M269出土之爱簋（《铜全》二，96）。

鱼兽纹盘

春秋晚期或稍晚

　　本器为盘，但壁较直，底平，形制有些特殊，内有兽、鱼相间之纹饰，单元纹样同于《尊古》3.21～23盘之纹饰，近于河北唐山贾各庄M18所出盘（《国博》067）之纹饰。

▌鸟纹簋、带钩 / 200

鸟纹簋

西周中期

　　本器饰分尾的长尾鸟纹，纹饰形制近于长安兆元坡出土的辅师嫠簋（《铜全》五，61）和台北故宫博物院所藏祖戊簋（《商粲》54）。圈足之龙纹疑为后作。

带钩

战国

▌爲簋、银棺 / 201

爲簋

本器即172之簋，照片为其侧面。

银棺

宋代

本器从侧面看，前高后低，盖似呈覆瓦形，椁座为须弥座，上有三个平行镂空的壶门图案。在形制上，与河南郑州开元寺塔基地宫出土宋代石棺、江苏连云港海清寺塔心柱出土宋代石函有相似之处（《文物》1981年7期32页图四）。

▌蟠螭纹簠、袁氏镜 / 202

蟠螭纹簠

春秋中晚期

本器当为一簠之器身部分，圈足缺口呈阶梯状，形制近于罗振玉旧藏、现藏旅顺博物馆的夔侯簠（《旅博》22）和辉县琉璃阁甲墓出土的两件蟠虺纹簠（《甲乙墓》86～88页）。器身纹饰则与琉璃阁甲墓两簠及洛阳体育场路西M8836所出簠（《体路西》图五三：1）基本相同。

袁氏镜

东汉

内区纹饰外有铭34字：袁氏作镜真大巧青龙在左白虎居右上有山人不知老渴饮玉泉饥食枣千秋万年生。应即《岩窟藏镜》中78之"袁氏五乳山人禽兽镜"。

▌络带纹铺、车舟舝 / 203

络带纹铺

春秋晚期或稍晚

截面为椭圆形的有盖圈足器产自今河北中北部及附近地区，属燕及相近国族，多被称作"簠"，但据其器形特征及在墓葬铜器组合中的位置可知，实应为铺，《综览三》将其归入铺类（称"铺"），是正确的。与本器形制纹饰基本相同者在河北唐山、三河、阳原等地都有出土（《铜全》九，101～103）。

车舟舝

本器即082舝。

▎夔纹卣、盠司土幽尊 / 204

夔纹卣
西周早期

　　本器器身所饰之象鼻夔纹，以细线条勾勒，整体风格近于赛克勒美术馆藏禾子卣（*SacklerI*, 72）和泉屋博古馆藏耳卣（《泉屋》100）。

盠司土幽尊
西周早期
高21厘米（《故铜》）
《综览一》觚形尊140、《故铜》133 刘体智旧藏，现藏故宫博物院（1956年收购）

　　本器（附图204.1，《故铜》133）一侧有鋬，另一侧有一圆形凸块，特征明显。同铭之卣，亦为刘体智旧藏，著录于《善斋吉金录》，现不知所在。本器形制近于《流散》156之尊。带鋬之尊，还可举出随州安居羊子山所出鄂侯弟尊（《铜全》六，109）。

▎夔纹卣、饕餮纹觚 / 205

夔纹卣
西周早期

　　本器整体较高，盖面高凸，圈足高，形制近于随州叶家山M28所出曾侯谏卣和M111所出曾侯卣（《叶家山》037、063）。《综览一》卣85、122、124、162形制也近于本器。

饕餮纹觚
商代后期

　　商代铜觚圈足无扉棱者，器腹之上一般没有纹饰；本器口部却饰蕉叶纹。这类觚还可举出赛克勒美术馆所藏的两件觚（*SacklerI*, 29、30）。

附图204.1

▎鸮卣、人面盖盉 / 207

鸮卣（盖）
　　即208右鸮卣之盖。

人面盖盉（器身）
　　即090盉之器身。

鸮卣、旅觥 / 206

鸮卣（盖）

商代后期

　　此器为"瓶形"角鸮首状，两侧有贯耳，实为鸮卣（或称尊）之盖，近似《铜玉》31"鸱鸮卣"（附图206.1）。

旅觥

商代后期

高17.8厘米（《美集录》）

Pillsbury,31；《美集录》A658（R.155）

卢芹斋、皮尔斯伯里旧藏（1941年归皮氏），现藏明尼阿波利斯艺术博物馆

　　本器（附图206.2，《美集录》A65）与殷墟小屯M5所出饕餮纹觥（《铜全》三，150）风格相近，时代相当。

附图
206.1

附图
206.2

饕餮纹尊、弦纹觯 / 209

饕餮纹尊

西周早期

　　本器纹饰特征近似074尊，但腹部突出较甚，纹面较平。

弦纹觯

商代后期

　　本器与《邺三》上20之"双耳尊"（附图209.1，*SacklerII*, fig.100.3）形制纹饰相同，可能是同一器。2011年3月纽约苏富比行戴润斋专场出现一件双錾觯，也可能即本器。已知的双錾觯还有赛克勒美术馆所藏的伯旛觯（*SacklerII*, 100），为西周器。

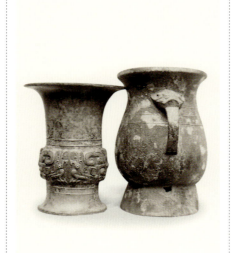

附图
209.1

鸮卣

商代后期
高24厘米（《美集录》）
《美集录》A574；*Freer1967*, Plate47；
《遗珍二》47；《铜全》三，137
卢芹斋旧藏，现藏佛利尔美术馆（1942年入藏）

　　《美集录》已指出本器（附图208.1）与皮尔斯伯里旧藏卣（*Pillsbury*, 24）"非常相似"。安阳殷墟大司空M539所出卣（《铜全》三，136）也与本器相近，只是无贯耳，而有环耳和索状提梁。

牛形器座

西周（？）
长约26.7、高14厘米
Pillsbury, 90
皮尔斯伯里旧藏，现藏明尼阿波利斯艺术博物馆

　　通过细部痕迹比较，可确定牛形器座即皮尔斯伯里旧藏者（附图208.2）。高本汉在图录中指出，跟这件器座近似之器有两件：一件藏哥本哈根装饰艺术博物馆，一件为《尊古》所录（3.24）。《遗珍》也著录一件，言其藏哥本哈根国立博物馆，但据《寻珍》，

此器实为哥本哈根装饰艺术博物馆所藏者（38页）。《遗珍》援引杜朴等*Spirit and Ritual*一书，指出同类器"至少共有五件"（348页）。此类器座之年代《遗珍》定为西周中期。

附图 208.1

附图 208.2

鸟纹尊、饕餮纹觚 / 211

鸟纹尊

　　本器即075之尊。

饕餮纹觚

商代后期

　　本器器体较粗，足缘较矮，腹部饕餮纹口部横贯，器形和纹饰近似安阳小屯M17所出卫觚（《殷铜》166）。同样风格的觚在台北故宫博物院和赛克勒美术馆也有收藏（《商礼》35、36；*SacklerI*, 26、27）。

▌饕餮纹尊、饕餮纹瓯 / 210

饕餮纹尊

西周早期

本器中腹外鼓较甚，饰饕餮纹和鸟纹，形制纹饰基本同于卢芹斋旧藏史父癸尊（附图210.1，《美集录》A428）。二者不排除为同一器的可能性。风格接近之器还可举出泉屋博古馆所藏父己尊（《泉屋》25）和陕西耀县丁家沟所出父辛尊（《综览一》瓯形尊8）。

饕餮纹瓯

商代后期

本器器形制纹饰同于卢芹斋旧藏之戓瓯（附图210.2，《美集录》A469），二者很可能是同一器。器体较粗，腹部以上有扉棱是本器特点。形制近似之器还有上海博物馆所藏的戓瓯（《上博》115。铭文相同，腹部饕餮纹不分解，或为同一人所作）。

附图 210.1

附图 210.2

▌册冟方尊、络带纹壶 / 214

册冟方尊

本器即069之尊。

络带纹壶

西周中晚期

本器无盖，颈部饰波带纹，器形纹饰同于卢芹斋、布伦戴奇旧藏（曾著录于卢芹斋1941年纽约图录），现藏旧金山亚洲艺术博物馆的王伯姜壶（附图214.1，《美集录》A703），可能是同一器（王伯姜壶还有一件，为端方旧藏，《集成》以为现也藏于旧金山亚洲艺术博物馆，误）。

附图 214.1

▎素面尊、饕餮纹爵 / 212

素面尊
西周早中期

　　本器鼓腹，通体素面，风格近似现藏故宫博物院的齐尊（《铭图》11513）和赛克勒美术馆所藏的"作从尊彝"尊（*SacklerII*, 86）。

饕餮纹爵
商代后期

　　本器爵柱在流折处，腹部较深，最大径偏下，整体特征近于安阳殷墟小屯M17所出爵（《殷铜》165）。

▎饕餮纹尊、目纹盂 / 213

饕餮纹尊
西周早期

　　本器腹中部突出较甚，所饰饕餮纹（或称夔纹）拱身，与长安新旺村所出铜鼎（《铜全》五，17）纹饰相近。

目纹盂
　　本器即093盂。

▎饕餮纹觚、饕餮纹爵 / 215

饕餮纹觚
商代后期

　　本器形制纹饰同于安阳殷墟刘家庄北M1、M2出土的两件觚（《铜全》二，119、120）。与151左之觚也相近，但口部蕉叶纹中无变形饕餮纹。

饕餮纹爵
商代后期

　　本器形制纹饰近似156左之爵，不排除是同一器的可能性。

▎饕餮纹觚、瓷炉 / 216

饕餮纹觚
商代后期

　　本器与科隆东亚艺术博物馆藏亚游父己觚（附图216.1，《遗珠》26）风格相同，可能是同一器。关于亚游觚，可参看《遗珠》相关说明（319页）。

青花缠枝西番莲纹三足炉
明代中期

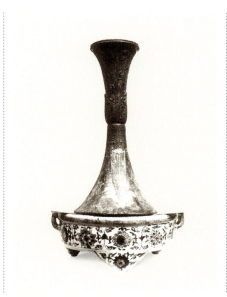

附图
216.1

▌饕餮纹爵、饕餮纹方彝 / 217

饕餮纹爵

商代后期

本器即215左之爵,可能即156左爵。菌状柱帽,饰分解饕餮纹和三角蝉纹,风格同于安阳殷墟GM875和GM198出土铜爵(《殷铜》69、194)。

饕餮纹方彝

本器即114方彝。

▌饕餮纹罍、曲柄鐎 / 219

饕餮纹罍

商代后期

本器形制近于085斝,但柱帽为菌状。口沿下的夔纹(或称鸟纹)近似安阳殷墟小屯M5所出簋(《铜全》二,59)之纹饰。

曲柄鐎

本器即184之鐎。

▌饕餮纹斝、饕餮纹瓿 / 220

饕餮纹斝

商代后期

本器圜底,饕餮纹口部横贯,风格近于于安阳殷墟小屯M18所出土斝(《殷铜》155)。

饕餮纹瓿

商代后期

本器近似116瓿,可能是同一器。

▌饕餮纹爵、勾连雷纹瓿 / 218

饕餮纹爵

商代后期

本器伞状柱帽,腹饰分解饕餮纹旁和蝉纹,风格近似松冈美术馆所藏的乡壬爵(附图218.1,《松冈》单色图版6),也近于《美集录》A349之爵(现藏佛利尔美术馆)。

勾连雷纹瓿

商代后期

本器饰夔纹和勾连雷纹,风格同于安阳殷墟武官北地M1和大司空M663所出瓿(《铜全》三,72、74)。

附图
218.1

▌光父盉、周仲镜 / 221

光父盉

参看254说明。

周仲镜

东汉晚期

这件神人车马画像镜有铭39字：吴胡□里，周仲作竟四夷服多贺国家人民息胡虏[珍]咸天下复风雨时节五谷孰长保二亲得天力。应即《金石索》和《岩窟藏镜》著录之周仲镜。纹饰近似浙江奉化萧王庙后竺村东汉墓出土之石氏"神仙车马画像镜"（《浙镜》彩版14），镜铭内容也相近。

▌夔纹盉、莲瓣形壶盖 / 222

夔纹盉

此即183之盉。

莲瓣形壶盖

春秋晚期或稍晚

壶盖上莲瓣似有八个。莲瓣形盖的圆壶流行于春秋晚期晚段（如侯马上马墓地M15、M5218所出者，见《上马》图版一五），并延续至战国。著名的赵孟𫗧壶（《晋铜》图四二）和令狐君嗣子壶（《铜全》八，73）即为此类壶。

▌提链壶、饕餮纹瓿 / 223

络带纹提链壶

春秋战国之际

络带纹提链壶主要流行于春秋战国之际，山西定襄中霍、浑源李峪、河北平山访驾庄等地的墓葬中曾有出土（《铜全》九，157），横向络带多为四道，同于本器。

饕餮纹瓿

商代后期

本器腹部饕餮纹和肩部纹饰间还有一周纹饰。器身有三周纹饰的瓿还可举出赛克勒美术馆和泉屋博古馆所藏者（SacklerI, 51；《泉屋》109）。

▌饕餮纹方彝、车器 / 224

饕餮纹方彝

商代后期

本器与德国陶德曼旧藏之方彝（附图224.1，《使华》VIII）形制纹饰相同，可能是同一器。故宫博物院藏方彝（即276之方彝）和旧金山亚洲艺术博物馆藏乡□王方彝（《遗珍》16）器身形制纹饰也近似本器。

车器（轴饰）

西周

本器应即西周时期的车轴饰，但纹饰比较奇特。

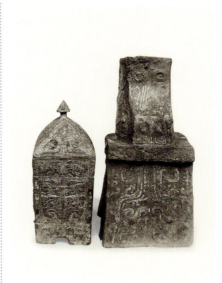
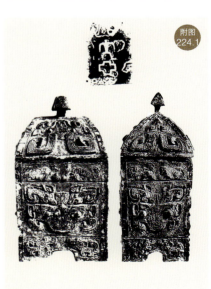

附图 224.1

蛇纹銎内钺、带钩 / 225

蛇纹銎内钺
商代后期
长20.9厘米
《遗珍》64
温索浦旧藏，现藏哈佛大学艺术博物馆（1943年入藏）

　　与本器（附图225.1）风格近似者还有瑞典东亚博物馆所藏的一件钺（《遗珍》63），内上的镶嵌物似已脱落。

错银带钩
战国

附图225.1

鼎 (3件) / 226

饕餮纹鼎
商代后期
　　本器风格近似哈佛大学艺术博物馆所藏鸢鼎（《铜全》二，37）和慕尼黑国立民间艺术博物馆所藏瞿鼎（《遗珠》6）。

夔纹鼎（下左）
商代后期
　　本器形制纹饰近似187右鼎（赛克勒美术馆藏）。

夔纹鼎（下右）
商代后期
　　本器饰口向下的夔纹，这类纹饰罕见于铜鼎。

鼎 (3件) / 227

鄉工王亚寰鼎
商代后期
高20.5、口径17厘米
《邺三》上12、《国博》003
现藏中国国家博物馆

　　大饕餮纹分裆鼎流行于商代后期至西周早期。本器（附图227.1，《邺三》上12）裆较高，三足较粗矮，是年代较早者；近似安阳殷墟郭家庄南赛格金地M13所出保父癸鼎（《殷新》103）。

夔纹鼎（2件）
商代后期

两鼎形制纹饰相同，近似于山西保德林遮峪出土之铜鼎（《文

附图227.1

物》1972年4期62页图二），但纹饰较粗率。

鼎 (3件) / 228

弦纹鼎

西周中期

　　本器柱足，腹部倾垂较甚，口沿下饰两周弦纹，具西周中期铜鼎之特征。

饕餮纹扁足鼎

商末周初

　　本器饰两端如鱼尾的阳线饕餮纹，当为"复古"之纹饰；三足上有简化的阴线鸟纹，形制近于滕州前掌大M11所出鼎（《前掌大》图一五二：3、4）。

目雷纹分裆鼎

商代后期

　　本器裆较高，足较粗短，为商代分裆鼎。形制纹饰近于陕西清涧解家沟和山西石楼二郎坡所出铜鼎（《陕北》10页；《文物参考资料》1958年1期37页图一）。

鼎 (3件) / 229

鸟纹鼎（2件）

西周中期

　　二鼎形制纹饰基本相同，大小不一。从器形看，为西周中期器；所饰之顾首鸟纹形态不常见。

鼎（左）

西周中期

　　本器纹饰不清，垂腹较深，足较矮。这种形制的鼎不多见，相近之器有河南平顶山滍阳岭M85所出窃曲纹鼎（《应墓》图版九二：1）。

卣 (3件) / 230

饕餮纹卣

商末周初

　　本器风格近于051卣，尤近似寿光古城所出卣（《文物》1985年3期图版贰：4）。

云纹卣

商代后期

　　本器器身饰云纹，近于安阳殷墟GM2575所出史卣（《殷铜》177）。器盖盖缘有填以雷纹的三角纹，则近于安阳殷墟孝民屯和刘家庄出土的两件卣（《铜全》二，122、126）。

夔纹卣

　　本器即178之卣。

▍觚 （3件）/ 231

附图
231.1

饕餮纹觚 （2件）
商代后期或西周早期
　　二觚当为一对，很可能就是霍
布金斯所藏的🔆册冒觚（附图231.1，
《美集录》A513、514）。只在腹部饰
无地纹之分解饕餮纹，很有特点。

饕餮纹觚 （中）
商代后期
　　本器腹部和圈足饰分解饕餮纹，
无地纹，风格接近上海博物馆藏🔆父
丁觚（《上博》111），但较之为粗，且
圈足纹饰带较窄。

▍爵 （3件）/ 232

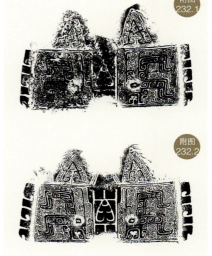

附图
232.1

附图
232.2

贮爵 （2件）
商代后期
　　贮爵《集成》著录有两件（附图
232.1，《集成》7650；附图232.2，《集
成》7651），纹饰同于此两件贮爵。其
中右侧贮爵铭文近似《集成》7651，
可能是同一器。左侧贮爵也似近于《集
成》7650。

饕餮纹爵 （上）
商代后期
　　本器形制和扉棱之特征近似两件
贮爵，纹饰不甚清晰，但似乎也近于
贮爵。或是另一件贮爵。

▍壶 （3件）/ 233

素面方壶 （2件）
战国后期—西汉
　　二方壶均为素面，形制相近，但
细部特征有别，非一对。这类形制的
素面方壶有一定数量，洛阳金村曾有
出土（《故铜》313），故宫博物院也
收藏有几件（《铜生》59、60），其中
有鎏金者。

扁壶
战国后期
　　本器一侧铺首失环，纹饰似为
散虺纹。这类扁壶极为常见，国内外
博物馆多有收藏，但只有河南陕县上
村岭所出者（《铜全》八，143）有明
确出土地点。故宫博物院藏魏公扁壶
（《故铜》308），自名为"𨧀"。

镜（3件）/ 234

蟠螭纹博局镜（3件）
西汉

与三镜纹饰近似之蟠螭纹博局镜在河北满城陵山西汉中期中山王后窦绾墓中曾有出土（《满城》69）。据研究窦绾应葬于汉武帝元鼎四年（前113年）之后，太初元年（前104年）之前，可大致推断三镜之时代。镜铭难以辨认，或与窦绾墓所出铜镜之铭内容相近。

钟、鼎（2件）/ 235

钮钟
春秋晚期

本器可见部分鼓部纹饰，近于淅川下寺M10所出钮钟（《下寺》图二〇九至二一六）。

亚貘方鼎
西周早期
高29、口径18.3厘米
《国博》030
现藏中国国家博物馆

本器（附图235.1）铭文未有著录。有盖子母口附耳方鼎流行于西周早期，在房山琉璃河、宝鸡竹园沟、滕州庄里西、曲沃北赵等地的墓葬中均有出土。本器在这类方鼎中属风格简朴者。

饕餮纹分裆鼎
商代后期

本器与《美集录》A29卢芹斋旧藏之鼎（高21、口径16.5厘米。附图235.2）形制纹饰相同，可能是同一器。口沿下所饰这类龙纹，也见于安阳殷墟花园庄东地M54所出分裆鼎（《殷新》52）。

附图235.1

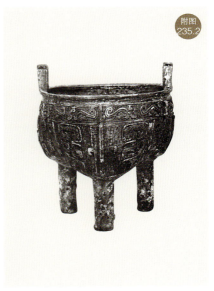

附图235.2

▌钟、鼎、瓿 / 236

甬钟

本器即006甬钟。

饕餮纹分裆鼎

本器即014鼎。

饕餮纹瓿

商代后期

本器风格近于215右瓿，唯器腹和圈足间饰鸟首夔纹，主体纹饰较粗率。

▌钟、斝、兽形器 / 237

甬钟

春秋中晚期

本器鼓部纹饰为倒置之变形饕餮纹，与长治分水岭M269所出甬钟（《晋铜》6）鼓部纹饰完全相同，也应为春秋晋地产物。同类器在出光美术馆还有两件（《出光1989》175、176）。

饕餮纹斝

本器即182斝。

兽形器

北朝（？）

类似风格的铜器在泉屋博古馆收藏有几件，均鎏金。

▌铎、瓿、爵 / 239

铎

东周

铎身形制近于湖北襄阳沈岗M1022出土铎（《文物》2013年7期封面）和故宫博物院藏外卒铎（《故铜》292）。銮部形制不明。细致时代待考。

夔纹瓿

商代后期

本器形制纹饰近似安阳殷墟梯家口M3所出瓿（《铜全》二，113）和赛克勒美术馆所藏的一件瓿（SacklerI, 33）。

饕餮纹爵

商代后期

本器腹部有扉棱，足较高，器形近似153二爵、《美集录》A359之亚爵和安阳殷墟小屯M5所出之束泉爵（《殷铜》137）。饕餮目略扁长方形，很特殊。

▌镈、镜、泡 / 238

蟠虺纹镈

春秋中晚期

与本器形制纹饰相同之器见于大英博物馆（附图238.1，《综览三》镈13）、牛津大学阿什莫林博物馆（Ashmolean，Plate 10）、洛杉矶郡艺术博物馆（见其官方网站）和明尼阿波利斯艺术博物馆（附图238.2。Ornaments, 49），从镈钮特征看，本器可能是明尼阿波利斯艺术博物馆所藏者。另，西雅图艺术博物馆和圣路易斯艺术博物馆也藏有风格近似之镈（《遗珍》152; Ornaments, 50）。本镈所饰蟠虺纹，见于侯马铸铜遗址IIT13③所出钟甬范（《晋铜》315）。

雀绕花枝镜

盛唐至中唐

此镜纹饰近于河南偃师杏园唐天宝九年（750年）郑琇墓所出铜镜（《杏园》图版34：6）。

夔纹泡

商代后期

本器形制近似安阳殷墟小屯202号车马坑所出镶嵌绿松石兽面纹铜泡（《殷粹》105），原应嵌有绿松石。

附图238.1

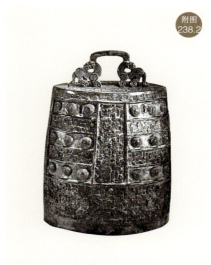

附图238.2

▌鼎（2件）、觚 / 242

鸟纹鼎

西周中期

本器垂腹较甚，所饰鸟纹不分尾。时代大约在穆王时期。

蟠螭纹禺鼎

战国早中期

本器所饰蟠螭纹，同于115乐孝子盉之纹饰。形制与纹饰布局近于山西长子牛家坡M7所出禺鼎（《考古学报》1984年4期508页图三：4）。

饕餮纹觚

商代后期

本器风格近于215之觚，唯颈、腹之间饰鸟首夔纹，纹饰相同之觚有卢芹斋旧藏之亚隻觚（《美集录》A485）。

▍鬲、鼎、戈 / 240

饕餮纹鬲
商代后期
21.5厘米（《美集录》）
《美集录》A121; SYT, 852;《经眼录》174
页图1
卢芹斋、埃斯肯纳齐（Eskenazi）、思
源堂旧藏
　　本器（附图240.1，《美集录》
A121）1939年曾出现于纽约卢芹斋图
录中。形制纹饰相近之器可举出上海
博物馆所藏的一件鬲（《上博》67）。
或以为长江流域之产品。

饕餮纹鼎
西周早期
　　本器柱足，所饰饕餮纹较长，近
于021鼎。

三角援戈
战国
　　本器内及援上有镂空，援本有弧
四边形纹饰；内后端中部凹入，应是
西南地区滇文化之铜戈。风格相近者
可举出云南江川李家山所出戈（《铜
全》十四，91）。

附图
240.1

▍鬲、车饰、镜 / 241

雷纹鬲
西周早期
　　本器形制近于171之鬲。

车衡饰
春秋早中期
　　本器与浚县辛村M3和M5所出
车衡饰（附图241.1，《辛村》图版叁
肆：2、3）形制纹饰完全相同，很可
能也出自辛村。

鸾鸟瑞兽镜
盛唐至中唐
　　此镜与故宫博物院所藏的一面鸾
鸟瑞兽镜（附图241.2，《故镜》97）
纹饰相同，或即同一镜。纹饰相似之
镜在偃师杏园唐至德元年（756年）
窦承家墓出土一面（《杏园》图版
35：6）。

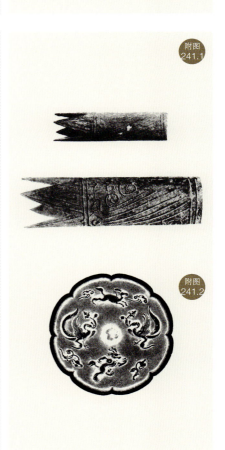

附图
241.1

附图
241.2

▎鼎、簋（2件）/ 243

夔纹鼎
商代后期

本器饰鸟首夔纹和三角蝉纹，风格近于017鼎；但夔纹尾部特征与后者有异，而同于科隆东亚艺术博物馆所藏鼎（《综览一》鼎134）。

饕餮纹簋
商代后期

本器形制纹饰近于029簋。

重环纹簋
西周晚期或春秋早期

本器耳下无珥，圈足下无小足，较特殊。此类风格的簋还可举出首都师范大学历史博物馆藏重环纹簋（《首师》33）。

▎鼎、簋、瓿 / 244

蝉纹鼎
商代后期

本器形体较小，从形制看，为商代后期器。

饕餮纹簋
商代后期

本器饰鸟纹和饕餮纹，形制纹饰同于《美集录》A153之簋（附图244.1），很可能是同一器。这件簋高12.6、口径18.8厘米，为Heeramaneck、Thomes D.Stimson旧藏，现藏西雅图艺术博物馆。风格近似之器还有故宫博物院藏妇簋（《铭图》3437）。

饕餮纹瓿
商代后期

本器肩较宽，腹部饕餮纹口部横贯，纹饰风格近于大英博物馆藏瓿（*SacklerI*, fig.57.2），但较后者粗率。

附图244.1

▎鼎、觚（2件）/ 248

饕餮纹鼎
商代后期

本器风格近似018鼎。

饕餮纹觚（2件）
商代后期

二觚形制纹饰相同，可能为对器。器身较细，器腹以上无纹饰，风格近于《美集录》A506之觚。

鸟形足蝉纹鼎

西周早期

高20.3厘米

Meiyintang, 74；《经眼录》187页图34

埃斯肯纳齐旧藏，现藏玫茵堂

　　本器（附图245.1。*Meiyintang*, 74）形制纹饰同于上海博物馆藏鼒父丁鼎（《铜全》五、39、40）和卢芹斋旧藏、后归杜克之鼎（附图245.2，《美集录》A79）。房山琉璃河M209出土之扬鼎（《琉璃河》彩版九）也有近似之鸟形足，可据此推测这类扁足鼎之大致年代。

☖卣

西周早期

高28.9厘米

《上博》275

许延暄、叶恭绰旧藏，现藏上海博物馆

　　本器（附图245.3）为叶叔重（曾任"卢吴公司北京分号代表"）捐赠。提梁两端为人首之铜卣，目前只发现这一件。卣身所饰的这类双身龙纹，多见于西周早期。

四瓣纹卣

西周早期

　　本器器身由上至下依次饰卧牛纹、四瓣纹和双身龙纹，形制纹饰同于故宫博物院藏"牛纹卣"（附图245.4，《故铜》61）。与此类卣纹饰相同之尊，故宫博物院收藏有一件（《故铜》51，高27.6厘米），《美集录》也著录一件（A425，高27.2厘米），并称"故宫新得一卣，亦如此"，所指当即《故铜》61之卣。上述尊、卣上的纹饰还见于河南信阳浉河港西周早期墓出土之父丁卣（《考古》1989年1期11页图二：4）。

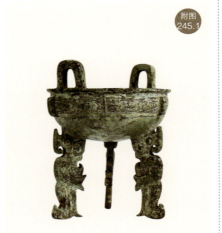

附图245.1

附图245.2

附图245.4

附图245.3

▍鼎、觶、瓿 / 246

羞方鼎
商代后期
高21.6、口17.1×12.7厘米
《美集录》A68（R.449）
卢芹斋、Ernest Erickson旧藏，现藏大都会艺术博物馆

据大都会艺术博物馆官方网站，本器（附图246.1，《美集录》A68）现为该馆藏品。《铭图》言"现藏美国纽约布根博物馆"，不知何据。与本器形制纹饰近似之鼎还有现藏圣路易斯艺术博物馆的▢方鼎（《综览一》方鼎18）。

弦纹觶
西周早期

本器腹近直，口外侈较甚，与山西天马—曲村遗址M6210所出铜觶（《曲村》图版玖肆：4）形制最为接近。

饕餮纹瓿
商代后期

本器腹部和圈足有扉棱，足缘较矮，形制近似安阳殷墟小屯M18所出伐瓿（《铜全》二，106）。

附图 246.1

▍鼎、爵（2件）/ 249

饕餮纹鼎
商代后期

本器形制纹饰近于安阳殷墟大司空M663所出鼎（《殷新》26）和孝民屯南M907所出共鼎（《铜全》二，16）；与《流散》18之羞鼎（即伯内特旧藏鼎，见ACB，15a）形制纹饰全同，不排除是同一器的可能性。

弦纹爵（2件）
商代后期

两爵爵柱之高度不同，似非一对。这类腹部饰三道弦纹（正对鋬之上半部）的铜爵，在安阳殷墟墓葬中常见（如《铜全》三，9；《殷新》98、109）。

窃曲纹鼎
西周中期

本器所饰窃曲纹一侧有龙首，较为特殊。形制近似之器可举出扶风黄堆M4所出鼎（《周原》1666页）。

素面觯
西周中期

细高体的觯流行于西周中期。与本器形制近似者有扶风庄白西周墓和齐家M19所出觯（《周原》1380、1587页）。

▌+爵
商代后期
《邺三》上48

本器（附图247.1）风格近于154右爵和155右爵，器腹所饰分解饕餮纹旁无夔纹。

饕餮纹鼎

本器即021鼎。

饕餮纹爵（2件）
西周早中期

二爵形制、纹饰似相同，可能为一对。三足呈扁刀形，时代较晚。

附图247.1

窃曲纹鼎
西周中期

本器垂腹较甚，所饰窃曲纹风格近于《综览一》鼎203之纹饰。

亚殳爵
商代后期

本器鋬内铭文可辨为"亚殳"。目前经著录的亚殳爵有12件（《铭图》7048～7059），细辨铭文和器形，本器似不在其中。

盉
西周中期

本器似素面，颈、足分界明显，整体较矮。形制近于伯秦盉（《美集录》A330）和卫盉（《铜全》五，112）。

▌鼎、軥首、戈 / 252

涡纹鼎
商代后期

本器形制纹饰近似上海博物馆
所藏的𫊪鼎（附图252.1，《铜全》二，
31）、日本奈良国立博物馆藏𫊪鼎（《奈
良》97）和《贞松》上7之亚豕鼎。

軥首
商代后期或稍晚

本器应即318之軥首，器身纹饰
同于商代后期到西周初年軥首，如安
阳殷墟梅园庄M41：12A（《考古》
1998年10期61页图一三）和滕州前掌
大M221:5，M132:34（《前掌大》图
二五五：1、2）。

牛首銎内蝉纹戈
商代后期
长20.7厘米
哈佛大学艺术博物馆官方网站
山中商会、温索浦旧藏，现藏哈佛大
学艺术博物馆（1943年入藏）

本器（附图252.2）形制特殊，似
非实用之器。

附图
252.1

附图
252.2

▌鼎、戈、兽形器 / 253

☖父庚鼎
商末周初
《双古》上3
端方、刘体智、于省吾旧藏

本器（附图253.1）风格近似滕州
前掌大M11、泾阳高家堡M3和房山琉
璃河M1149等几座墓所出之鼎（《前掌
大》彩板三三：1；《高家堡》彩色版
贰；《京铜》57）。

戈
西周早期

本器援本加厚做三角形，内后端浑
圆，一侧凹入。这种戈见于西周早期墓葬
（《戈戟》图1-32：3.4；图1-34：3）。内
及援本之纹饰，似为后加。

兽形器
即237之器。

附图
253.1

▌簋、觚、盉 / 254

饕餮纹簋
本器即031簋。

饕餮纹觚
商代后期

本器形制纹饰同于194上之觚，很可能是同一器。近似芝加哥艺术博物馆藏癸酉觚（《美集录》A460）。

光父盉
商代后期
高19.69厘米
Brundage1977，XXIV右；《遗珍》54
布伦戴奇旧藏、现藏旧金山亚洲艺术博物馆

本器（附图254.1。*Brundage1977，XXIV右*）形制特殊，李学勤已指出它与传出安阳、现藏中国国家博物馆的马永盉有许多共同点（《寻珍》10页）。此类筒形盉在湖南桃江也出土一件（《湖铜》图58）。照片中的光父盉尚被重锈覆盖，纹饰多未显。

附图254.1

▌簋、壶、弓形器 / 255

饕餮纹簋
商末周初

本器形制纹饰同于天津蓟县张家园M4和河北迁安马哨村所出簋（《考古》1993年4期图版陆：1；《文物春秋》1996年1期90页图五）。泾阳高家堡M4出土的一件簋（《高家堡》图六十一）器身形制纹饰也与本器相同。

麂册父庚壶
西周早中期
高38.1、口径8.4厘米
《上博》344
现藏上海博物馆（顾恺时、成言嘉捐赠）

本器（附图255.1）失盖，器身纹饰华丽。细高体的贯耳壶流行于西周早中期，科学发掘品可举出随州叶家山M38所出曾侯谏壶（《叶家山》038）和长安花园村M17所出壶（《文物》1986年1期13页图三一）等。

弓形器
商代后期

本器正面中间有涡纹，两侧似有"瓶形"角的饕餮纹，纹饰大致近

附图255.1

于安阳殷墟西北冈M2124所出弓形器（《殷粹》86）。原应镶嵌有绿松石，多已脱落。

▌簋、壶（?）、刀 / 256

方格乳丁纹簋
商代后期

本器器身饰目纹和方格乳丁纹，圈足饰饕餮纹饰，近似亚簋（SacklerI, fig.96.6）和现藏瑞典东亚博物馆的乡簋（《综览一》小型盂4）。同样特征的簋在辉县褚丘曾有出土（《河铜》363）。山东青州苏埠屯M8所出簋也近于本器，但方唇较厚。

小壶（?）
商代或西周

本器用途和准确时代待考。

刀
商代后期
《集成》11805
现藏故宫博物院

本器器形未经著录，从铭文可判断与《集成》11805（附图256.1）为同一器。刀锋长且尖锐，近似辉县琉璃阁所出刀（《国博》023）。同铭器还有172之簋。

附图256.1

▌卣（2件）、调色器 / 257

素面方卣
商末周初

本器似为平底，形制近于卣（《综览一》卣63，提梁已失）。河南鹿邑太清宫长子口墓和宝鸡竹园沟M7也出有此类小方卣（《强墓》图版四九：三；《太清宫》彩版五五：1），但器身有弦纹，器底有圈足。

弦纹卣
商末周初

本器子母口，索状提梁，腹部有鼻，形制相近之器见于安阳殷墟大司空M303（《殷新》180）和甘肃灵台白草坡M1（《铜全》六，191）等墓。这类器或称"壶"。

调色器
西周早期

四筒之调色器在安阳殷墟遗址曾有出土（《河铜》200）。类似本器、一侧伸出长颈动物首者在陕西岐山贺家村西周墓出土一件（《铜全》五，201）；另外有几件流散到欧美，分别藏于圣路易斯艺术博物馆、哈佛大学艺术博物馆和牛津大学阿什莫林博物馆（《综览一》杂22、24、25）。岐山贺家所出者内有矿物粉末，可知其功用。

▌觚、爵、尊 / 260

饕餮纹觚
商代后期

本器器腹和圈足饰分解的饕餮纹，风格近于151左觚。

饕餮纹爵
商代后期

本器器腹纹饰可辨是分解的饕餮纹，风格近于155二爵。

饕餮纹尊
西周早期

本器器腹鼓出较甚，饕餮纹旁有倒立之夔纹。

▌卣、角（2件）/ 258

方格纹筒形卣
西周早期

本器器身形制纹饰同于赛克勒美术馆藏册亶般父乙卣（附图258.1，*SacklerI*, 67），锈蚀情况也近似，可能是同一器。但提梁之兽首（鹿首）位置不同。**Bagley**在分析册亶般父乙卣时认为："鹿首看上去是后铸铸接的，但很难确定，因为在提梁和两端环钮上有几道裂痕，鹿首好像被用焊料粘结上去并经施锈处理。"（*SacklerI*, P385）鹿首可能本在提梁两端，后由于种种原因，被修整移上，以致其位置明显不合常规。

附图258.1

饕餮纹角（2件）
即157二角。

▌尊、觯、车饰 / 259

饕餮纹有肩尊
商末周初

本器圈足外撇，颈部和圈足饰弦纹，与赛克勒美术馆和布鲁克林博物馆所藏有肩尊（*SacklerI*, 45；*SacklerI*, fig.45.1）形制纹饰几乎完全相同。近似之器还有湖南省博物馆所藏的一件尊（《铜全》四，117）和1954年辉县出土之尊（《河铜》119）。安阳殷墟大司空M303和宝鸡竹园沟M7所出尊（《殷新》177；《铜铸》94页）也近于本器，但圈足形制有所不同。

目纹觯

商代后期或稍晚

本器形制纹饰近于中国国家博物馆藏隽父己觯（《国博》015）。

车饰
西周

本器当为车之轭饰，但未见与其近似之器。

▌尊、斗、当卢 / 261

鸟纹尊
本器即075尊。

夔纹斗
商代后期

本器柄首略呈三角形，两端较尖锐，近于《综览一》斗21、22。

兽首当卢
西周早中期

兽首当卢在西周墓葬中常见，与本器形制近似者可举出长安张家坡M183所出当卢（《张家坡》图版144）。

▌觯、觚 （2件）/ 262

饕餮纹觯

商代后期

　　本器形制近似德国斯图加特林登博物馆所藏之妇媸觯（《遗珠》33）；器腹饰饕餮纹、颈部饰细长身的夔纹，也同于后者。

饕餮纹觚（左）

商代后期

　　本器形制近于248二觚，但腹部之上双弦纹上满布纹饰，较特殊。

饕餮纹觚（右）

商代后期

高29厘米

Christie's 2013,1101

　　本器（附图262.1。*Christie's 2013*, 1101）1988年和2013年分别见于伦敦苏富比行和纽约佳士得行，纹面突出较甚，是其特点。纹饰风格近于安阳殷墟花东M54所出的一件觚（《殷新》62）。

▌觚 （2件）、爵 / 263

饕餮纹觚（左）

商代后期

　　本器形制纹饰基本同于152左觚，可能是同一器。

觚

商代后期

　　本器纹饰不清，器腹和圈足突出之目纹偏上，腹部纹带只有两道弦纹，这在有扉棱的觚中较少见，风格似近于安阳殷墟AGM335所出觚（《河铜》219）。

戒爵

商代后期

高19.3厘米

《美集录》A353（R.41）

卢芹斋、康恩（Mrs. Otto H. Kahn）旧藏

　　本器（附图263.1）1940年曾收入纽约卢芹斋图录，与155右爵形制纹饰相同，有可能是同一器。

觚（2件）、爵 / 264

饕餮纹觚（左）
商代后期
　　本器形制纹饰近于215之觚，但主纹饰纹面较细，近似《美集录》A478觚。

饕餮纹觚（右）
商代后期
　　本器扉棱和圈足发达，风格近似150右觚，只是腹、足间饰象鼻夔纹。

饕餮纹爵
商代后期
　　本器伞状柱帽，饰分解的饕餮纹，通体扉棱，形制纹饰同于卢芹斋、皮尔斯伯里旧藏之燒爵（高23.5厘米。附图264.1，《美集录》A350），二者可能是同一器。

觚（2件）、斝 / 265

夔纹觚（左）
　　本器风格近于152左和239左之觚，颈、腹和腹、足间所饰之鸟纹，形态似较怪异。

夔纹觚（右）
商代后期
　　本器锈蚀较重，形制近于左觚。

斝
商代后期
　　本器仅在口沿下有一周纹饰，但无法辨清是何纹饰。形制近于印第安纳波利斯艺术博物馆藏斝（*Eli Lilly*, Plate26）。只饰一周纹饰的罐形斝还可举出罗山天湖M1出土铜斝（《综览一》斝70）和《美集录》A303斝。

▌觚（2件）、斝 / 266

夔纹觚

商代后期

本器纹饰粗劣，不排除晚至西周的可能性。

饕餮纹觚

商代后期

本器腹部鼓出，所饰饕餮纹近于安阳殷墟小屯M17之觚（《殷铜》166）；圈足上的横向羽状纹近于安阳殷墟武官北地M1所出觚（《铜全》二，104）。但器较细高，年代较晚。

饕餮纹斝

商代后期

本器形制纹饰同于旧金山亚洲艺术博物馆所藏的一件斝（附图266.1，《遗珍》40），足部锈蚀情况也相近，很可能是同一器。其风格还近似085斝。

▌觚（2件）、盉 / 267

夔纹觚（右）

商代后期

本器形制和纹饰近似美国赛克勒美术馆所藏的一件觚（SacklerI，39）。Bagley已经指出，与这件觚相近之器有三件，一件在北京（即1982年昌平沙河拣选之"斿"觚，《京铜》34），一件为日本私人所藏，一件在檀香山艺术博物馆（Honolulu，20）。详见其相关论述（SacklerI，P257）。安阳殷墟郭家庄东M1也出土了一件这样的觚（《郭家庄》图版12∶1）。

夔纹觚（左）

商代后期

本器腹部和圈足有扉棱，但器上部无纹饰，风格近于263右觚。

夔纹盉

西周中期

本器形制纹饰近似183之盉，但锈蚀较重，唇部较窄，盖、鋬之链接物形制也有差异；很可能就是现藏大英博物馆

的季老或盉（附图267.1，《综览一》盉62）。

▍觚（2件）、方壶 / 268

象纹觚
商代后期

本器腹部较细，锈蚀严重，可辨圈足上纹饰为象纹，风格近似卢芹斋旧藏之"并"觚（附图268.1，《美集录》A511），《美集录》言其"安阳出土"，并称"故宫及瑞典京城远东博物馆亦藏有同形制的"。《遗珠》也著录了一件风格相同之象纹觚（器29，伦敦戴迪野行），据该书统计这类觚共有三件，除了其所录器外，还有两件分别藏于日本出光美术馆和瑞典远东古物博物馆（即瑞典东亚博物馆，也就是《美集录》所谓"瑞典京

城远东博物馆"），均有"并"字铭文（316页）；又指出"瑞典高本汉《远东古物博物馆的若干青铜器》（《远东古物博物馆馆刊》21）……提到有另一件藏卢芹斋处，可能就是本器"（320页）。卢芹斋旧藏觚（即《美集录》A511）后来又出现于苏富比行（《流散》196），经比较可确定即出光美术馆所藏觚（《出光1989》51）。瑞典东亚博物馆藏"并"觚（MFEA，18）系Karlbeck于1934年购自上海。细察本器，似非《遗珠》29之觚，不知是否《美集录》所言故宫所藏者。

饕餮纹觚
商代后期

本器饰凸起的分解饕餮纹和蝉纹，无地纹，风格同于安阳殷墟大司空M539所出觚（《考古》1992年6期511页图二：4）和瑞典东亚博物馆所藏凸觚（MFEA，19）。

几何纹方壶
战国中晚期

本器与卢芹斋、皮尔斯伯里旧藏，现藏明尼阿波利斯艺术博物馆的一件方壶（高35.8、口9.8×9.8厘米。附图268.2，《美集录》A747）形制纹饰相同，且均无盖，可能是同一器。

附图 268.1

附图 268.2

▍觚（2件）、壶 / 269

觚（右）
商代后期

本器纹饰不清，风格近似安阳殷墟郭家庄东M26所出觚（《殷新》17）和高楼庄M8所出觚（《河铜》285）。

觚（左）
商代后期

本器体较粗，圈足外侈程度轻，风格近于安阳殷墟花园庄东地M60所出觚（《殷新》6）。

几何纹壶
战国晚期—西汉

这类壶发现较多，主要出土于安徽、湖北、湖南、四川等地的战国时期墓葬。汉墓中也有发现，如满城汉墓即随葬一件（《铜全》十二，61）。

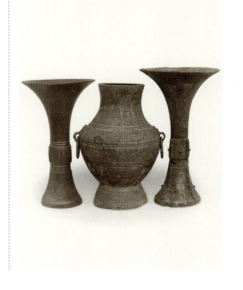

▌觚（2件）、扁壶 / 270

觚

商代后期

　　本器形制纹饰近似293左觚，或即同一器。

饕餮纹觚

商代后期

　　本器较粗矮，中腹外鼓，形制近似赛克勒美术馆藏觚（SacklerI，41）和安阳殷墟刘家庄M1046所出觚（《殷新》210）。

扁壶

战国后期或稍晚

　　本器形制近于《美集录》著录的两件扁壶（A769、A770）及平山中山大墓出土扁壶（《铜全》九，159）。

▌觚（2件）、熏炉 / 271

夔纹觚

商代后期

　　本器风格近于265二觚。

饕餮纹觚

　　本器即262右之觚。

熏炉

西汉

　　本器为"盖豆"形熏炉，形制相近之器有淄博临淄大武窝托汉墓陪葬坑出土之鎏金熏炉（《铜全》十二，118）和湖北荆州瓦坟园M4出土之熏炉（《考古》1995年11期993页图八：7）等，但炉身均无宽沿。

▌觚、爵、盉 / 274

饕餮纹觚

　　即273之觚。

饕餮纹爵

商代后期

　　本器三足较矮，似经有意磨损。

饕餮纹盉

　　即273之盉。

▌觚（2件）、剑 / 272

亚毌父己觚

商末周初

《邺三》上42、《童梦2013》3565

　　"亚毌"铭的铜器，除了本器（附图272.1、《童梦2013》3565）外，还有簋（《故铜》30）、卣（《上博》273）、角（《综览一》角11）、盉（《集成》9378）等，均是为父己所作，器主可能为同一人。

觚

商代后期

　　本器纹饰不清，风格近于266右觚。

剑

春秋晚期或战国早期

　　剑茎有箍，宽格，是铜剑常见的形制；但剑身平脊，颜色不同于两侧刃部，则不多见。浑源李峪出土、现藏故宫博物院的少虞剑（《故铜》268）与本剑风格相近，唯剑茎无箍。

▌觚、爵、盉 / 273

饕餮纹觚

商代后期

　　本器形制纹饰近似215右爵。

饕餮纹爵

商代后期

　　本器铭文无法辨识，其中似有"己"字，又似有卷角状笔划。纹饰和形制接近安阳殷墟大司空M539出土的羍爵（《铜全》三，6），值得注意的是，羍字正有卷角状笔划。

饕餮纹盉

西周早中期

　　本器形制纹饰同于黄浚旧藏之戈曷盉（附图273.1、《尊古》3.13），也即《流散》336之器。二者应是同一器。风格相近之器还有故宫博物院所藏之来父盉（《故铜》174）。

▌爵（2件）、鐎 / 275

饕餮纹爵（左）
商代后期

本器饰不分解的饕餮纹，柱状帽，风格近于181之爵。

饕餮纹爵（右）
商代后期

本器铭文隐约可见"大"形，有可能是"亚夨"。其形制近于罗振玉《贞松》著录的两件"亚夨"爵（中二七、二八）；纹饰虽不清，但似乎也接近上述两件"亚夨"爵，或为其中之一。

曲柄鐎
西汉

本器柄较长，转折明显，这是西汉较早时期铜鐎之特征。风格近似之器可举出河南洛阳新安出土之"素面盉"（《洛铜》172）和荆州高台M2所出鐎（《高台》图版二二：5）。

▌爵（2件）、方彝 / 276

素面爵
西周早中期

本器风格简朴，三足略呈刀形，为西周器。

弦纹爵
西周早中期

本器腹饰一周弦纹，三足呈扁刀形，近似房山琉璃河M52和长安花园村M17出土爵（《琉璃河》彩版三二：1；《文物》1986年1期图版肆：2）。

饕餮纹方彝
商代后期
高18.5厘米
《辨伪》图三四二
现藏故宫博物院（1960年北京市文物局拨交）

《辨伪》认为本器（附图276.1）"器盖为后修配，盖上兽面花纹伪刻。……从修配技术和用假锈、假地做旧方法来看，此彝盖是解放前北京老艺人所修配"。方彝器身形制纹饰

基本同于224之方彝和旧金山亚洲艺术博物馆藏鄉王方彝（Brundge1977, XVII右）。

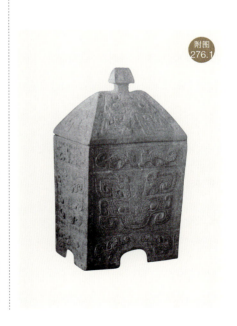

附图
276.1

鸢爵（左）

商代后期

《邺三》上47、《综览一》爵132

梁上椿旧藏，现藏上海博物馆

　　本器（附图277.1）与《邺三》上46之鸢爵形制、铭文基本相同。

饕餮纹爵（右）

商代后期

　　本器形制纹饰近于左之鸢爵，可能是《邺三》上46之鸢爵。

匿斝

商代后期

高35.7（SacklerI）

《美集录》A309（R.457）；《流散》310；SacklerI，9

甘浦斯（S. and G.Gumps Company）旧藏，现藏赛克勒美术馆

　　经仔细比较器身锈迹，可确认本器即《美集录》A309之匿斝（附图277.2），后者鋬上之牛首当为后加。另一件形制纹饰相同的匿斝现藏清华

大学图书馆（《考古》1986年9期图版五：3）。关于本器，可参看Bagley的相关研究（SacklerI, P171）。风格相近之器可举出安阳殷墟大司空M303所出的马危斝（《殷新》181）。

附图277.1

附图277.2

▌盉、戈（2件）/ 279

人面盖盉

　　此即090之盉。

鸟兽纹有銎戈（2件）

春秋战国之际

　　二戈形制相近，有銎，援本及内部为鸟兽相搏之形。此类戈发现已有一定数量，太原金胜村M251曾出土一件（《铜全》八，119），侯马铸铜遗址也出土过此类戈之陶范（《晋铜》393），可推断其大致时代；流散海外者，可举出《遗珠》所著录的两件（130、131，分别藏于德国慕尼黑国立民间艺术博物馆和法国吉美博物馆）。

▌觥、车饰、柄首（？）/ 278

饕餮纹觥
商末周初

本器无盖，器身形制近于103觥，但鋬上之兽首耳部较大，腹部饕餮纹口部连通，形制和纹饰同于德国艾克旧藏、现藏科隆东亚艺术博物馆的夑父乙觥（附图278.1。*Sackler I, fig.49.10*），基本可以肯定是同一器。夑父乙觥曾著录于《铙斋》（2.16）。

方形车饰
商代后期

与本器相近之车饰在安阳殷墟出土过数件（《北组》图版肆柒、肆玖、贰贰壹），也有无圆形凸起者（《殷粹》99），当为车舆之装饰。

柄首（？）
西周

本器似为铜斗或匕之柄首，但未见可比之器，暂存疑。

▌壶（2件）、镜/ 280

波带纹壶（2件）
春秋中晚期

二壶当为一对，盖均残。器口外侈较甚，颈较细，纹饰粗略，在波带纹兽耳衔环壶中年代较晚，风格近似故宫博物院藏波带纹壶（《故铜》242）。风格相近之壶可举出淄博临淄刘家庄M28出土的一对壶（《考古》2013年5期26页图一二）。

镜
战国中晚期

方形钮座，桥形钮，纹饰不清。

附图278.1

▌壶、盘（2件）/ 283

几何纹方壶
战国早中期

本器器身纹饰风格近似111壶，整体较粗矮。

窃曲纹盘
西周中期

本器所饰之窃曲纹流行于西周中晚期，从盘耳特征看，当为西周中期器。

夔纹盘
西周中期

本器所饰之顾首夔纹有两种，一呈"S"形，一呈波曲状。平顶山滍阳岭M84出土之"作兽宫"盘（《应墓》彩版七六：6）、扶风庄白西周墓出土的伯雍父盘（《铜全》五，197）和陕西三原出土之吕服余盘（《西安铜》92）也饰有顾首夔纹，其中吕服余盘与本器最为接近。

▌壶（2件）、镜 / 281

嵌红铜狩猎宴射纹壶（左，前为其盖）
春秋战国之际
高30厘米（《铜玉》）
《铜玉》142、《出光1989》179、《综览三》壶105
现藏出光美术馆

　　本器器身饰络带纹，圈足不高，风格相近之器还有上海博物馆所藏的一件壶（《上博》573）。盖面有双衔环，是其特点，这样的壶还可举出浑源李峪所出"镶嵌兽纹壶"（《铜全》八，68）和河北唐县北城子所出壶（《铜全》九，14）。

嵌红铜鸟兽纹壶（右，前为其盖）
春秋晚期或稍晚
高29厘米
Bronzen, 32;《美术》16;《综览三》壶56; *Eskenazi1989*, 5;《经眼录》188页图35
瑞士卢加诺Vannotti、埃斯肯纳齐旧藏

　　本器（附图281.2、*Bronzen*, 32）圈足较矮，颈部较粗，上有四系，特征近于《遗珍二》131之壶（德国法兰克福博物馆藏），后者从纹饰风格看，不晚于春秋晚期。本器所饰鸟兽

纹身体较细长，也应是较早的风格。据 *Eskenazi1989*，本器1940年前归北京CHEN CHEN TANG。

蟠螭纹镜
战国

　　弦钮，钮座外围一周凹面形环带与镜缘为黑漆古。纹饰清晰、罕见。故宫博物院藏有一面与其纹饰相同的"蟠螭金乌扶桑镜"（附图281.3，《故镜》21），或为同一器。

附图281.1

附图281.3

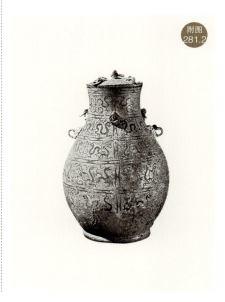

附图281.2

▌壶、方彝、铜骹玉矛 / 282

饕餮纹贯耳细颈壶
商代后期

　　器形相近之贯耳壶还有赛克勒美术馆所藏壶（*SacklerI*, 60）和瑞士Vannotti旧藏之壶（*Bronzen*, 30），但均较本器为矮。细颈壶流行于殷墟较早时期。

饕餮纹方彝
商代后期
高23.7厘米
《经眼录》183页图24
埃斯肯纳齐旧藏

　　本器（附图282.1）与《遗珠》43之较方彝形制纹饰和尺寸相同，很可能是同一器。可参看《遗珠》之器物说明（325页）。后者为罗宾森旧藏，曾出现于伦敦苏富比行。腹部之饕餮纹有首无身，角尖突出，很有特点，这种饕餮纹也见于安阳殷墟郭家庄M26所出方彝（《殷新》20）。

铜骹玉矛
商代后期
《邺三》下15

　　本器（附图282.2）在铜骹玉矛中为形制特殊者。

雷纹贯耳壶

商代后期

高26.3、口径5.4厘米（《美集录》）

《双古》上8；Pillsbury, 21；《美集录》A693；《铜全》四、150

于省吾、卢芹斋、皮尔斯伯里旧藏（1939年归皮氏），现藏明尼阿波利斯艺术博物馆

本器（附图285.1，《美集录》A693）形制近于石楼桃花者所出贯耳壶（《文物》1960年7期51页图3左）和保罗·辛格旧藏之壶（SacklerI, fig.60.2），器口特征近似商代后期之贯耳扁壶。

铜内玉戈

商代后期

长20.5厘米

Winthrop, 71

温索浦旧藏，现藏哈佛大学艺术博物馆（1943年入藏）

本器（附图285.2）内及援本铜质部分形制近似安阳殷墟黑河路M5：23戈（《殷玉》187页）。

銮

西周早期

本器铃部镂空呈火焰状，这类銮仅流行于西周早期，在房山琉璃河西周墓地、天马—曲村墓地、长安张家坡西周墓地等都有出土。

附图285.1

附图285.2

附图282.1

附图282.2

壶、盘 （2件）/ 284

蟠虺纹铺首壶
战国早期

本器纹饰风格近于198之壶和大
英博物馆藏壶（*Ornaments*, 30）。

盘
商代后期或西周早期

本器纹饰无法看清，口沿下似饰
夔纹。

蟠虺纹盘
春秋中期

本器耳部较直，纹饰可归入蟠虺
纹，年代约为春秋中期。目前尚无可
比较者。

壶、铜饰 （2件）/ 286

兵战狩猎采桑纹高柄方壶
春秋晚期或战国早期
19厘米（?）
《美集录》A774
罗比尔旧藏

经比较锈痕，可确定本器即《美
集录》A774之壶（附图286.1），盖未
在图中。与其两侧之兽首铜饰（详下
文）相比，可知《美集录》所言之尺
寸（19厘米）是有问题的。布伦戴奇
旧藏、现藏旧金山亚洲艺术博物馆
的高柄方壶（附图286.2，《遗珍二》

133）形制纹饰同于本器，通高27.9厘
米，大概符合本器之尺寸；它与本器
可能原属一对，甚至可能是同一器，
由罗比尔售于布伦戴奇。这类高柄
方壶曾出土于太原金胜村M251（《铜
全》八，77）和陕西咸阳任家嘴秦墓
（《考古与文物》1986年6期85页图
三：11、86页图五：1）等墓葬，由此
可推测这类器物的时代。

兽首铜饰 （2件）
商代后期

同类器在旧金山亚洲艺术博物馆

和大都会博物馆都有收藏。旧金山所
藏者（附图286.3）据其官方网站，
长约17.8厘米，比较细部锈痕，可知
应即照片中左边的一件。大都会艺术
博物馆所藏者（附图286.4，《骑马民
族》31）据其官方网站可知系1985年
由Ernest Erickson Foundation捐赠，
长15.6厘米。这类铜饰在辽宁朝阳和
蒙古国境内也有发现。从兽首形制
看，时代当在商代后期，为北方草原
地带之产物。

附图 286.1　附图 286.2

附图 286.3　附图 286.4

▌熏炉、灯 (2件) / 287

力士座博山炉
西汉

本器近于河北满城中山王后墓出土之"力士骑龙博山炉"(《铜全》十二，128)，但炉体较后者为矮，"力士"也似无所骑之兽。

辘轳灯
东汉

本器近于《贞松》下15之灯（自名"行灯"）。合肥大蜀山东汉墓曾出土形制相近之灯（《文物》1960年1期76页）。

行灯
东汉

这类行灯又称"拈灯"，有纪年者如"五凤二年"成山宫灯（山西朔县西汉墓GM51出土）、"永光四年"灯、"建昭三年"灯（《铜生》84、85）等。与上述西汉行灯相比，本器足较高，柄较长并下弯，年代要晚，天津武清东汉鲜于璜墓出土之行炉（《考古学报》1982年3期359页图七）炉身及柄与本器近似，同样形制的行炉也见于河南巩义新华小区M1（《华夏考古》2011年4期47页图一三：6），年代同样是东

汉。因此本器应为东汉器，不排除系行炉改制的可能性。

▌熏炉、牌饰、钱范 / 288

龟鹤博山炉
西汉

本器形制近似朔县西汉墓出土之龟鹤博山炉（《铜全》十二，137）和布伦戴奇旧藏、现藏旧金山亚洲艺术博物馆的一件熏炉（Brundage1966, LV.B），只是炉顶多出一立鸟。

大泉五十铜钱范
新莽

大泉五十叠铸铜范发现较多。在西安地区，特别汉长安城遗址区出土较多，《新莽钱范》（三秦出版社，1996年）多有著录（87～97页）。

牌饰
东汉

通体镂空，牌颈内饰一立马，牌身饰云气纹；形制纹饰近似西安邮电学院长安校区东汉中期墓M971所出牌饰（见《西安东汉墓》，文物出版社，2009年，彩版二八：3）。关于这类牌饰的综合研究，有吴小平《汉代方形牌饰的初步研究》（《考古》2013年10期）。

▌戈内、铜骹玉矛、车饰 / 289

夔形戈内
商代后期

本器为一件戈的内部。这类夔形内在吉美博物馆和哈佛大学艺术博物馆都有收藏。完整器则见于日本天理参考馆（《天理》31）。

铜骹玉矛
本器即282之铜骹玉矛，为其另一面（附图289.1，《邺三》下15）。

嵌绿松石车饰
商代后期

本器为车之軝饰，镶嵌有绿松石，近于安阳殷墟西北冈1136、1137号车坑所出者（《殷粹》93）。

附图
289.1

▌爵 （4件）/ 290

饕餮纹爵（后左）
商代后期

　　本器形制近似154左爵，不排除同一器的可能性，也近于安阳殷墟小屯M5：670爵（《殷铜》138）。

爵（后中）

　　本器即081爵。

饕餮纹爵（后右）
商代后期

　　本器形制纹饰近似安阳殷墟GM1125所出父辛爵（《殷铜》204）。

弦纹爵
西周早中期

　　本器饰两道弦纹，三足为扁刀形，年代较晚。

▌銮 （4件）/ 291

蟠虺纹銮（4件）
春秋晚期

　　四件銮均饰蟠虺纹，当为一组。形制纹饰近似辉县琉璃阁M75所出銮（《山琉》图版壹零捌：6）。所饰之蟠虺纹也常见于春秋晚期青铜容器上。

▌钟、鼎、盖豆、壶 / 292

钮钟
春秋

　　本器细部无法看清。形制近似143二钟，可能是其中之一（更似143右钟）。

涡纹鼎
商代后期

　　本器饰涡纹和四瓣目纹，下有蝉纹形制纹饰同于首都师范大学历史博物馆藏黹鼎（附图292.1，《首师》22），不排除是同一器的可能性。《综览一》鼎64（现藏台北故宫博物院）和安阳殷墟小屯82M1所出父壬鼎（《殷铜》图85：2）风格也近于本器，但均无蝉纹。

盖豆
春秋晚期

　　本器从器身看似为陶器，但捉手边缘较薄，又似铜器。存疑。

圆壶
西汉

　　装饰三道宽带纹的铺首圆壶（锺）流行于西汉时期，例如西安高窑村所出上林钟和满城中山靖王墓所出中山内府钟（《铜全》十二，65、62）。

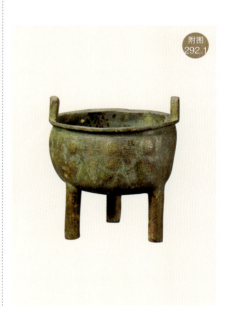

附图
292.1

蟠虺纹铸
春秋中晚期

　　从舞部纹饰看,本器可能即238之铸。

饕餮纹觚 (右)
商代后期
高30.1厘米
Bronzen, 41; Eskenazi1989, 2
卢芹斋、Vannotti、埃斯肯纳齐旧藏

　　本器(附图293.1,*Eskenazi1989,2*)1947年由巴黎卢芹斋公司售于Vannotti。风格近似264右觚,可能是同一器。

饕餮纹觚 (左)
商代后期

　　本器整体较粗,形制纹饰近似石楼后兰家沟所出觚(《铜全》四,67)和上海博物馆所藏的一件觚(《上博》106)。圈足所饰夔纹常见于商代后期铜瓿之肩部。

双兔形轪
商代后期或稍晚

　　两兔背对,体相连。这类车器故宫博物院收藏有一件(《铜生》2),科学发掘品可举出安阳殷墟梅园庄车马坑M40所出者(《考古》1998年10期图版柒:1)。滕州前掌大西周早期墓M4所出者(《前掌大》图版一四七:3)两兔相离,形制有所不同。

附图
293.1

饕餮纹分裆鼎
商代后期或稍晚

　　本器饰细长体夔纹和卷角分解饕餮纹,风格近似卢芹斋旧藏、现藏瑞士利特堡博物馆的簠父乙鼎(《美集录》A39; *Bronzen*,3)和赛克勒美术馆所藏的一件鼎(*SacklerI*, 91)。

龙纹鼎
春秋早中期

　　本器器腹较浅,三足较粗壮,饰之"S"形双首龙纹和窃曲纹,均为春秋早中期风格。

⚘父庚鼎
　　即253之鼎。

兽形器
　　即253之器。

▌鼎（2件）、剑、铁如意 / 295

叔㚸方鼎

本器即300之方鼎，参看300说明。

龙纹鼎

商代后期

本器所饰之龙纹风格简约，形态少见。

剑

春秋晚期或战国早期

本器窄格，剑柄上无箍，近似浙川下寺M10、洛阳中州路M2719出土之剑（《下寺》图二三三：6；《中州路》图版柒肆：1）和故宫博物院藏楚王熊璋剑（《故铜》300）。

错银铁如意

清

铁制，黑色。通体错银铭文与纹饰，保存完整。柄身正面铭文为："其钩无镵，廉而不刿，以歌以舞，以弗若是，折维君子之器也。赵南星。"还错有星月等纹饰。1951年，董必武捐赠给北京历史博物馆一件明代赵南星铁如意，器表有锈蚀，错银铭文与纹饰不甚清晰。故宫博物院藏清代光绪三十三年（1907年）仿制品，铭文保存完好，长51厘米。本器可能与故宫藏清代仿品为同一器。

▌鼎、敦、盘、"当卢" / 296

方格乳丁纹鼎

商代后期

本器束颈，鼓腹，最大径偏下，形制近于安阳殷墟小屯M188所出鼎（《综览一》鼎39），口沿下饕餮纹则近似殷墟M1435所出单錾鼎之纹饰（《殷粹》8）。

素面敦

春秋中晚期（？）

本器素面，束颈较甚，双环耳，平底，很可能是春秋中晚期的平底盆形敦；尤近于山东海阳嘴子前所出者（《嘴子前》彩版二〇、图版六：2）。

饕餮纹盘

西周早期

本器沿较宽，圈足微外侈，形制近于太保盘（《综览一》盘25）。

"当卢"

战国早中期

这类铜器一般被称作"当卢"（实际用途待考），流行于春秋战国之际到战国早中期（太原金胜村M251为最早出现此类器的墓葬之一）。本器风格最近似辉县琉璃阁M1所出器（《山琉》图版玖拾：4）。

▌鼎、卣、罍、壶 / 297

饕餮纹鼎

商代后期

本器可能即226下左之鼎。

来卣

商代后期

《双古》上29

于省吾旧藏

此类提梁跨短径、有扉棱、腹部饰饕餮纹之卣，一般流行于殷墟较晚时期（《综览一》卣46~53）。本器（附图297.1）之提梁近似子雨卣（《通考》610）。

饕餮纹罍

商代后期

本器风格近似220罍。

饕餮纹方壶

商代前期

本器近似故宫博物院藏方壶（附图297.2，《故铜》6），二者很可能是同一器。纹饰风格表明其时代当早于殷墟时期。故宫博物院还藏有一件同类器（《故铜》71），兽首贯耳，年代稍晚。

夔纹鼎
商代后期

　　本器口沿饰涡纹和夔纹，下有三角纹，形制同于《邺三》上10之父己鼎（附图298.1），很可能是同一器。还近于《美集录》A22鼎。

鸟纹爵
商代后期

　　本器饰鸟纹，尾朝向鋬，形制纹饰同于《邺三》上50之爵（附图298.2），可能是同一器。

雷纹壶
商代

　　本器形制特殊，纹饰为长条形的雷纹，也不常见。

龙纹盘
春秋早中期

　　本器饰"S"形双首龙纹和大垂鳞纹，为春秋早中期特征。

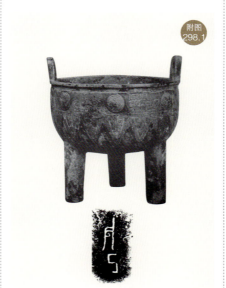

附图298.1

附图298.2

附图297.1

附图297.2

▌鼎、觚（2件）、鐏 / 299

饕餮纹分裆鼎
商末周初

本器与227鄉□王亚寰鼎相比，足较细高，年代较晚。

饕餮纹觚
商代后期

本器纹饰不清，风格近似269左觚。

仿古觚

本器为后世仿觚而造，准确时代待考。

错银鐏
战国中晚期

截面为椭圆形，口向下放置，中部近口一侧有一箍，近于江陵九店M36和安徽长丰杨公M11出土之鐏（《戈戟》图6-7：4、5），但较高。

▌鼎、觚、带钩、带扣 / 300

叔□方鼎
西周中期
高17.1厘米
《善斋吉金录》15；大都会艺术博物馆官方网站
刘体智、Charlotte C. and John C. Weber
旧藏，现藏大都会艺术博物馆（1988年入藏）

本器（附图300.1，大都会艺术博物馆官方网站）四壁饰大鸟纹，比较特殊。曾有学者认为是伪器（后已不疑）。明尼阿波利斯艺术博物馆所藏季盉方鼎（Pillsbury, 2）也是为宫伯

所作器；两器时代相当，器主间可能有密切关系（一"叔"一"季"，或为兄弟）。

饕餮纹觚
商代后期

本器形制近似150左觚。

嵌绿松石带钩
战国中晚期

形体较大，原镶嵌绿松石，已多有脱落。

羊形带扣
战国（？）

这类动物形带扣极为少见。赛克勒美术馆收藏有一件羊形带扣（Sackler1997, F21），前后腿合拢形成略呈梯形的镂空，扣孔及舌位于前半身，特征近似本器。动物之风格虽近战国北方动物形铜件，但那时尚未见此类带扣。

附图300.1

附耳盖鼎
春秋中晚期

本器为"楚式"风格的箍口鼎，鼎耳风格接近新郑李家楼大墓出土的数件铜盖鼎（《新郑》82～86页）和湖北当阳赵家湖ZHM8出土之鼎（《赵家湖》图八一）。

莲花手观世音菩萨铜像
北魏

观世音菩萨立于莲花座之上，左手持披帛，右手执长茎莲蕾，称为"莲花手观世音菩萨像"，此类像是目前已知中国最早的观世音造型（《佛珍》428～438页）。

双兽纹瓦当
战国

当面纹饰作双兽交颈状，风格近似于凤翔秦雍城遗址出土的一件瓦当（《凤翔》18），申云艳《中国古代瓦当研究》（文物出版社，2006年）指出："瓦当当面没有区间界格的复合动物纹瓦当，其时代略晚于单体动物纹瓦当，可能流行于战国中期。这类瓦当亦大多数出于秦雍城遗址，咸阳、西安一带的秦遗址中仅有少量发现。"这件瓦当可能出自秦雍城一带。

方形器

细部无法看清，时代及用途待考。

索纹豆
战国早期

本器失盖，形制近于春战之际至战国早期三晋地区所出之盖豆；器身饰两周索纹，同于长子牛家坡M7所出方座盖豆（《考古学报》1984年4期508页图三：1）。此类索纹还见于陕县后川所出鬲鼎和敦（《陕县》图三六：6、图四三：1）。

素面铦
春秋晚期

本器腹较浅，双耳上有兽首，近似洛阳中州路北M535所出铦（《考古》2002年1期图版陆：5）。

络带纹罍
春秋晚期

这类罐形的罍或有耳，流行于春秋中晚期，在墓葬中一般成对出现。络带纹的罍在浑源李峪村曾有出土（《战国式》图版一六：2）。

夔纹觚（上）
商代后期

本器风格同于152右觚。

觚（2件）
商代后期

二觚形制近似，纹饰无法看清。似近于248二觚。

饕餮纹瓿
商代后期

本器肩、腹之间有一周纹饰，纹面目睛突出，风格近于赛克勒美术馆藏瓿（SacklerI, 314）。Bagley在讨论赛克勒藏瓿时，举出多件风格近似之器，可参考（P315～317）。

鸟纹簋
西周中期

本器与故宫博物院所藏之鸟纹簋（高15.9厘米。附图302.1，《故铜》151）形制纹饰相同，很可能是同一器。附耳，近盂形，风格特殊。

量
汉代

本器应即汉代的小型铜量。故宫博物院收藏一件这样的量（《铜生》124）；陕县后川汉墓M3003也出土一件（《陕县》图版一〇五：4）。

炭扒
战国早期

本器与辉县琉璃阁M1所出炭扒（《综览三》炭钩1）最为相近。这类器在太原金胜村M251、陕县后川M2040等墓也有出土，但多有四齿。

带钩（？）
东周

本器为兽首形带钩，年代当不早于春秋晚期。淅川下寺M11曾出土一件相近之带钩（《下寺》图二三一：1）。

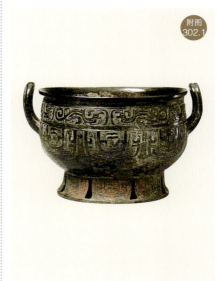

附图302.1

觚、爵（2件）、刀 / 305

饕餮纹觚
商代后期

本器饕餮纹之角作牛角状，很少见。圈足上部的这类目纹还见于安阳殷墟大司空M303所出马危觚（《殷新》173）。

目雷纹爵（2件）
西周早中期

二爵应为一对，形制纹饰同于《美集录》A382之父乙爵（附图305.1），后者可能是其中之一。器腹较深较直，三足呈扁刀形，这都是西周爵的特点。

刀
商代后期

本器仅可见部分刀刃，形制近似安阳殷墟郭家庄东南M26所出刀

附图305.1

（《考古》1998年10期45页图二〇：4）。

觚、爵、弓形器、矛 / 306

夔纹觚

商代后期

本器形制纹饰同于卢芹斋旧藏、后归戴维斯之觚（附图306.1，《美集录》A497），可能是同一器。形制相近之器可举出上海博物馆藏旅觚（《上博》121）。这类器体矮粗的觚很少见。

饕餮纹平底爵

商代后期

本器形制纹饰同于科隆东亚艺术博物馆藏♦葡䍐爵（附图306.2，《遗珠》19），可能是同一件器物。关于♦葡䍐爵，可参看《遗珠》之说明文字（317页）。同类爵还有安阳殷墟花园庄东地M54所出亚长爵（《殷新》58）。

人首纹弓形器

商代后期

本器正面饰相对的人首形纹，形制纹饰近似哈佛大学艺术博物馆所藏的一件弓形器（附图306.3），很可能是同一器。还近似安阳殷墟小屯M20车马坑所出之“镶嵌绿松石人形纹弓形器”（《殷粹》85）。

嵌绿松石铜骹玉矛

商代后期

高22.5厘米

Winthrop,84

温索浦旧藏，现藏哈佛大学艺术博物馆（1943年入藏）

与本器(附图306.4）近似之铜骹玉矛在安阳殷墟小屯M5和大司空M25中均有出土（《铜全》三，198），哈佛大学艺术博物馆还收藏有几件（温索浦旧藏。*Winthrop*,83、85）。

附图306.1

附图306.2

附图306.3

附图306.4

觚、剑、镜、佛像 / 307

饕餮纹觚

商代后期

本器纹饰无法看清，形制近于安阳殷墟武官村M1所出觚（《殷铜》93）和316觚。

短剑

春秋中晚期

本器形制近似北京延庆和河北张家口一带出土之短剑（如《铜全》十五，14、18、19），很可能也产自该地域，属所谓“玉皇庙文化”。

瑞兽镜

唐

铜半跏观音菩萨像

唐代

菩萨面容丰满圆润，左手放置于左膝之上，右臂抬起，似持一物，右手已残。右腿下垂，脚踩莲花，莲下部残断。日本收藏家藏有一件同类铜像，高12.9厘米。MOA美术馆藏一件半跏观音菩萨像，莲花下部茎、叶保存完整，像高22.2厘米。与其相似者还有圣路易斯艺术博物馆、西雅图艺术博物馆的藏品（《佛珍》503、511、512页）。

▌爵、角、镇（2件）/ 308

饕餮纹爵
商代后期

饰饕餮纹，细部难以看清。

亚貘父丁角
商末周初

《出光1978》55、《出光1989》35、
《流散》299

现藏出光美术馆

本器即158右之角，可清楚看到
铭文"亚貘父丁"；经比较可以确
定是出光美术馆所藏角（附图308.1，
《出光1989》35）。《集成》认为其
8894号铭文（来源于《综览一》角
14）即出光美术馆藏亚貘父丁角之
铭，也就是《美集录》R146d（5306
页）。《集成》8894为《美集录》
R146d（附图308.2）确无问题，但其
铭文却与本器铭文（附图308.3）有
异；出光角之铭，《出光1978》未公
布，《出光1989》虽有拓片，但显然也
是《美集录》R146d，令人生疑。《美
集录》指出R.146d是卢芹斋藏"亚貘
父丁"爵之铭，而器有一对。从铭
文两旁的纹饰看，是误角为爵（《综
览一》爵176为亚貘父丁爵）；《综览
一》角14将此铭与角同置自有根据。
因此可知亚貘父丁角应有两件：一件
即本器，现藏出光美术馆，铭文未经
著录；另一件即《综览一》角14，铭

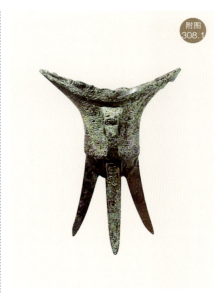

附图
308.1

附图
308.2

文著录为《集成》8894，很可能就是
158左之角。经比较可知，《流散》299
之角即本器，1973年出现在伦敦苏富
比行，后即为出光美术馆所收，但其
所收之铭仍为《集成》8894，恐有
误。

附图
308.3

兽形镇（2件）
西汉

两器难以看清纹样，但形制近于
出光美术馆所藏的两件虎镇（《出光
1989》235、239）。

▌盘、洗（？）、银盒 / 309

人首形足盘
商代后期

本器与日本天理参考馆藏"夔
凤纹盘"（口径34.7厘米。附图309.1，
《天理》17）形制纹饰相同，很可能
是同一器。后者李学勤曾做过讨论
（《寻珍》32页）。

洗（？）
汉代（？）

本器形制近于汉代铜洗之浅腹
者，或即洗。

银盒
宋代

《大英博物馆藏日本·中国美术名
品展》图录（1987年）著录了一件银盒子
（附图309.2），形制纹饰及保存状况均同
于本器。很可能为同一器。

▌ 卮、铜内玉戈（2件）、佛像 / 310

蟠螭纹卮
战国中晚期

　　本器与英国牛津大学阿什莫林博物馆藏卮（附图310.1，*Ashmolean*，Plate12）形制纹饰相同，可能是同一器。筒形三足的卮，湖北丹江口北山庙墓地曾出土一件（《汉丹》164页），泉屋博古馆、波士顿美术馆和印第安纳波利斯艺术博物馆也有收藏（《综览三》卮1、2；*Eli Lilly*，Plate37），纹饰多繁缛复杂。

嵌绿松石夔形内玉援戈
商代后期

《遗物》图版三三

温索浦旧藏，现藏明尼阿波利斯艺术博物馆

　　本器（附图310.2）援本较宽，形制不常见。

嵌绿松石直内玉援戈
商代后期

　　本器与温索浦旧藏"玉援嵌石饕餮纹戈"（附图310.3，《遗物》图版三四：2）形制完全相同，应该是同一器。

附图
310.1

水月观音菩萨像
五代

　　观音菩萨为坐姿，头戴高冠，向下俯瞰。左手撑在垂下的左腿外侧，右臂搭在曲膝的右腿之上。其坐姿与浙江金华万佛塔塔基出土五代十国时期水月观音铜造像（高49.5厘米）相似（《文物参考资料》1957年5期44页图四）。故宫博物院藏两件这类题材的五代菩萨像，分别高12.3、14.9厘米（《故像》图158、159）。

附图
310.2　　附图
310.3

附图
309.1

附图
309.2

▍觚（5件）/311

夔纹觚（后右）
商代后期

本器风格近于151右之觚。

饕餮纹觚（4件）
商代后期

四件觚风格基本相近，不同之处在于：前中之觚器腹和圈足间饰象鼻夔纹，同于264右之觚；而其他三件则饰口向下的夔纹，近似151左之觚。

▍鼎、卣、戈、鐏、弓形器 / 312

饕餮纹鼎
商代后期

本器可确定为018鼎。此角度图像可比较《美集录》A6.2。

鸮卣
商代后期

本器形制纹饰近于上海博物馆藏徙卣（《上博》152）和湖北应城采集之卣（《铜全》四，156），但无环钮和提梁，可能已失，如美国赛克勒美术馆所藏者（SacklerI，63）。

直内戈
商代后期

本器形制纹饰同于《邺三》下19之戈（附图312.1），很可能是同一器。安阳殷墟武官村M1所出戈（《殷铜》98）形制与本器相近。

蟠虺纹鐏
春秋中晚期

本器与于省吾旧藏之"蟠虺鐏"（附图312.2，《双吉》下49）形制近同。同样风格的鐏在今山西地区的东周墓葬中发现多件（《戈戟》366页图6-4），但如本器，下端呈尖角者，尚属罕见。

八角星纹弓形器
商代后期
长32.5厘米
赛克勒美术馆官方网站
辛格旧藏，现藏赛克勒美术馆（2012年入藏）

与本器（图312.3）近似之八角星纹弓形器数量较多，在安阳殷墟遗址多有出土（《铜全》三，209；《河铜》299）；也见于其他地区，如辉县褚丘遗址（《河铜》365）。

附图312.1　附图312.2　附图312.3

▌簋 (2件)、爵、弓形器、矛 / 313

饕餮纹簋（上）

　　本器即201之簋。

饕餮纹簋（下）

西周早期

　　本器风格近似196和198之簋，珥较二者为小。

饕餮纹爵

　　本器即306之爵。

弓形器

　　本器即306弓形器，可看清其正面纹样，镶嵌之绿松石已多有脱落。

铜骹玉矛

　　本器当即306之铜骹玉矛，显示了其侧面。

▌卣、觚 (3件)、爵 / 314

卣

商代后期

　　本卣纹饰不清，或为素面盖上捉手为半环形，圈足较直，都是特殊之处。

饕餮纹觚（左）

商代后期

　　本器圈足饰夔纹和蛇纹，纹饰组合不常见。

饕餮纹觚（中）

商代后期

　　本器纹饰不清，器腹鼓出，形制近于266右之觚。

▌觚、銮 (4件) / 316

饕餮纹觚

商代后期

　　本器较粗矮，器腹有矮扉，饕餮纹细部难以辨清；形制近似安阳殷墟武官北地M1所出觚（《铜全》二，104）。

銮（4件）

春秋晚期

　　形制近似291四銮，无法确定是否同四器。

饕餮纹觚（右）

商代后期

　　本器形制纹饰近似左觚。

爵

商代后期

　　本器纹饰无法看清；菌形伞帽，牛首鋬，形制近于155二爵。

▌觚 (6件) / 317

饕餮纹觚（2件、后左、右）

商代后期

　　二觚形制、纹饰近似151左觚。

夔纹觚（4件）

商代后期

　　四觚形制纹饰近似，在圈足有相同之镂空夔纹。同样的觚在安阳殷墟小屯M5即有出土（妇好觚。《铜全》二，105），故宫博物院、上海博物馆、大英博物馆、皇家安大略省博物馆、出光美术馆和美国辛辛那提艺术博物馆也都有收藏。

饕餮纹觚
商代后期

本器形制纹饰近似安阳殷墟刘家庄北M637所出亚若觚（《殷新》145）、孝民屯南M1572所出父甲觚（《铜全》二，115）和灵石旌介M1出土的两件觚（《旌介》图68、71）。

亚其爵
商代后期

本器铭文"亚其"之写法近似《集成》7831（附图315.1），纹饰也一致，很可能是同一器。纹饰、铭文相同之器还有《集成》7832，原应属同一组。安阳殷墟小屯M5曾出土多件亚其所作器（主要是觚、爵），铭文写法也与本器相同。

四瓣纹矛
商代后期

此为商代后期典型之铜矛，但穿为半圆环形，则不常见，近于于省吾旧藏矛（《双吉》下37）和《邺三》下10之矛。

带钩
战国中晚期

形制近327右三之带钩，可能为同一器。

青花缠枝西番莲纹三足炉

应即216之瓷炉。

附图
315.1

▌鼎、觯、戈、钺（2件）、辖首 / 318

目纹鼎
商代后期

本器形体较小，口沿下饰较长的目纹，下饰三角纹，风格近似《综览一》鼎42（Cunliffe 勋爵旧藏。高12.7厘米）和安阳殷墟王裕口南M103所出鼎（《考古》2012年12期13页图二〇：2。高13.1厘米）。

方格纹觯
商代后期
CB，6
意大利Badatich藏

本器（附图318.1）形制纹饰近似安阳殷墟后冈M1所出觯（《考古》1994年5期394页图五）。

牛首夔内蝉纹戈

即252之器。

饕餮纹钺（2件）
商代后期
高25.4厘米
哈佛大学艺术博物馆官方网站
温索浦旧藏，现藏哈佛大学艺术博物馆

二器（附图318.2）风格相同，近于安阳殷墟小屯M5所出亚启钺（《河铜》185）和故宫博物院藏龚子钺（《故铜》94）。

辖首

即252之辖首。

▌簋（2件）、盘、壶盖、不明器（2件）/ 319

四足簋
西周中晚期（？）

本器子母口，四足为蹄形，从器身形制看，应是簋而非鼎。四足簋在以往从未著录过，不排除为后世修配而成的可能性。

附耳簋
西周或春秋

本器体宽似盘，但整体看仍应归入簋类，形制比较特殊。

三足盘
春秋中晚期

三足盘流行于春秋中晚期，基本都是附耳，本器为带兽首环形耳，罕见，这类盘可举出上海博物馆藏者尚余卑盘（《上博》524）。

方壶盖
西汉

本器形制近于淄博大武窝托汉墓陪葬坑出土铜钫之器盖（《考古学报》1985年2期图版拾玖：5）。

不明器（2件）

看似一器，实可能为两器。上为带双耳之盘状器，下为三足直腹器，似樽类。质地和用途待考。

▌钟、簋、爵（2件）、灯、牌饰、钵形器 / 320

钟
战国

本器近似江苏溧阳征集之"甬钟"（《文物资料丛刊》5，图版玖：2）。

饕餮纹簋
商代后期

本器外侈较甚，直圈足，形制近于河北磁县下七垣出土之受簋（《综览一》簋20）。

爵（2件）
商代后期

二器形制相近，纹饰无法看清。

灯
西汉

本器柄较高，或无支钉；盘极浅，很特殊。目前已知盘最浅之豆形灯之一为故宫博物院藏错银菱纹灯（《铜生》18），但盘仍较本器为深。

牌饰

即288之器。

钵形器
汉（？）

浅盘状，形制近于《双古》下8之"汉使者盆"，或即同类器。

附图
318.1

附图
318.2

▮鼎(2件)、觯(4件)、瓿 / 321

饕餮纹鼎（前）

商代后期

大饕餮纹鼎常见于商代后期，但本器无地纹，甚是罕见；饕餮之角为夔纹，也较少见，风格近于上海博物馆所藏的 舟父丁鼎（《上博》56）。

母心鼎（后）

商代后期

高13厘米

《流散》37

伍德夫人（Madame A.Wood）旧藏，1986年出现于伦敦苏富比行

本器（附图321.1）器腹较深，口沿下饰躯体简化的饕餮纹。与之形制纹饰相近者可举出上海博物馆所藏的一件铜鼎（《上博》49），但饕餮纹下有三角纹。

饕餮纹瓿

商代后期

本器体较粗，纹饰无法看清。

夔纹觯（后右）

商代后期

本器束颈较甚，圈足斜直，形制同于安阳殷墟刘家庄M1所出的子乙觯（《铜全》二，134）和传安阳出土的✳妇觯（《铭图》10189），夔纹风格也与前者相近。

附图321.1

云纹觯（前左上）

商末周初

本器饰夹以联珠纹的"S"形云纹，形制纹饰近似上海博物馆藏子✳父辛觯（《上博》125），也近于安阳殷墟郭庄南M1所出戈觯（《铜全》二，133）和滕州前掌大M11所出史觯（《前掌大》图版一二一：2）。

觯（前左下）

商末周初

本器纹饰无法看清，形制近似安阳殷墟西区M2579所出觯（《殷铜》229）和滕州前掌大墓地出土的几件觯（《前掌大》图版一二二：1～3）。

觯（后左）

西周早期

本器形制近于长安河迪村所出觯（《文物资料丛刊》5，图版拾：6）和《美集录》A544觯。

▮鼎、觯(5件)、瓿、爵 / 324

与321相比，仅将后排之鼎换成一件夔纹爵，瓿上又加一弦纹觯。

弦纹觯

商末周初

夔纹爵

商代后期

本器饰细长体夔纹，夹以联珠纹，纹饰风格近于安阳殷墟西区AGM697所出☖爵和AGM793所出祖辛爵（《河铜》229、234）。

▌鼎、簋、爵、鐎、方彝(2件)、
  箕形器 / 322

涡纹鼎

商代后期

本器饰相间的涡纹和兽首纹，近似风格的鼎见于安阳殷墟薛家庄东南M3和苗圃北地M229（《铜全》三，13；《殷新》36）。

簋

西周早期

本器纹饰无法看清，从形制看为西周早期器。

饕餮纹爵

商代后期

本器饰分解饕餮纹，风格近似155二爵。

鸡首流鐎

东汉

本器流口为凤首，腹中有突出的宽缘，柄或已失，足细高。特征相近之鐎有广西合浦七星岭东汉晚期墓葬M3所出者（《考古》2004年4期图版捌：6）。

饕餮纹方彝（后左）

商代后期

本器形制纹饰近似1984、1997两次见于纽约佳士得行的冉方彝（附图322.1《铭图》13467）。二者盖钮均保存不佳，很可能是同一器。与冉方彝形制、铭文相同之器在中国国家博物馆也藏有一件（《铭图》13466）。

饕餮纹方彝（后中）

商代后期

本器口沿下和圈足饰尖耳兽首，腹部饕餮为瓶角夔形，很有特点，可能就是《美术》著录之方彝（附图322.2）；《流散》322之亚夨方彝（附图322.3）形制纹饰也同于同器。它们可能都是同一件器物。

亚夨箕形器

商代后期

本器应即《集成》10393之器（附图322.4），照片可补器形之缺。箕形器在安阳殷墟出土的商代墓葬中多见（如《铜全》三，181；《殷新》23、88）。

附图322.2

附图322.3

附图322.4

附图322.1

▌刀（6件）、弓形器 / 323

凸钮圆首刀（左二）

商代后期

长31.8厘米

Sackler1997, 5a

现藏赛克勒美术馆

　　经比较可确定本器即赛克勒美术馆所藏刀（附图323.2）。赛克勒美术馆还藏有另外一件形制相同的刀（Sackler1997, 5b；《骑马民族》18）。这类刀在河北围场贺家营曾出土一件（《文物春秋》1993年3期88页上图），哈佛大学艺术博物馆也藏有一件（Sackler1997, fig.5.2）。

兽首刀（2件，左三、右二）

商代后期

　　两刀形制近似，尚未发现相同首的刀。安阳殷墟花园庄东M54出土的一件刀刀首与之相似（《花东墓》彩版二九：3中）。

马首刀（右一）

商代后期

　　马首刀在安阳殷墟花园庄东M54曾出土一件（《花东墓》彩版二九：3上）。《骑马民族》也著录了一件（26器）。

凸钮环首刀（右三）

商代后期

　　三凸钮环首刀在安阳殷墟墓葬及今山西、河北、辽宁等地均有发现（《铜刀》55～56页）。

弓形器

附图
323.1

商代后期

兽首刀（左一）

商代后期

　　本器与赛克勒美术馆藏的"羊首刀"（附图323.1。Sackler1997, 6）形制完全相同，可能是同一器。首部形制相近之刀在陕西绥德墕头也发现一件（《文物》1975年2期83页图三）。

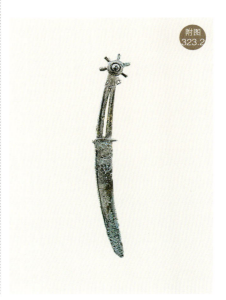

附图
323.2

▌当卢（9件）/ 326

西周早中期

　　9件当卢共分三类：第一类是歧角当卢（5件），为西周当卢常见之类型，多见于西周早期墓葬中；第二类3件，有镂空圆泡，年代为西周早期，罕见；第三类是牛首当卢，年代或稍晚，也不常见。

饕餮纹觯

西周早期

饕餮纹爵

商代后期

本器形制纹饰近似181爵，可能为同一器。

弓形器

此应为255之弓形器。

带钩

战国中晚期

或为鎏金带钩。风格近于山西榆次猫儿岭和平山三汲所出带钩（《铜全》八，162；《铜全》九，179）。

嵌绿松石器 （3件）

商代后期

三件嵌绿松石器分别近似佛利尔美术馆所藏铜柲玉戈（附图325.1。《铜全》三，207）之柲冒、柲和柲末端。有可能是此戈分离的状态，也有可能是另一件同样的器物。

不明器 （2件）

弓形器下所垫二器。右侧一件为方管形，有方孔，顶端较大，时代、用途待考。左侧一件器形不明，甚至不能判断是否古器。

▌剑、刀 （9件） / 328

兽首短剑

商代后期

兽首剑剑柄多有弯曲，《骑马民族》著录多件（5~7、19、20）。本器形制近似张家口出土剑（《河北》87）和哈佛大学艺术博物馆藏剑（官方网站）。

兽首刀 （上）

商代后期

本器近似Cunliffe勋爵旧藏刀（ACB，83a），也近于附图323.1刀。

兽首刀 （下右1、2）

商代后期

两刀形制近似上刀，但形体较小。

兽首刀 （下左1、2）

商代后期

两刀与上述三刀刀首相近，但略有不同。同样形制的刀可举出《骑马民族》9号刀和河北青龙抄道沟出土的一柄"鹿首弯刀"（《铜全》十五，37）。

凸钮环首刀 （左三）

商代后期

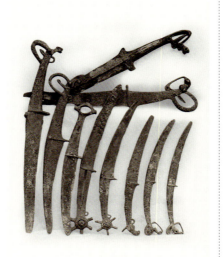

形制近于323右三之刀，但形体较小，首旁无小环。

凸钮圆首刀 （下左四）

商代后期

可确定非323左二之刀，可能即赛克勒所藏另一刀（Sackler1997，5a；《骑马民族》18），器形轮廓也近似（附图328.1）。

凸钮圆首刀 （下左五）

商代后期

长28.5厘米

Sackler1997，fig.5.2

温索浦旧藏、现藏哈佛大学艺术博物馆（1943年入藏）

本器（附图328.2）五个柱钮较细。

夔纹鼎
商末周初

本器形制纹饰近似《综览一》鼎151，也即奈良国立博物馆藏鼎（附图327.1，《奈良》104）。不排除是同一器的可能性。纹饰近于171鼎。

弦纹觯
商末周初

本器形制近于滕州前掌大M13、M21等墓所出觯（《前掌大》图二一三：1、2）。

爵（后）
商代后期

似为饕餮纹爵，或可晚至西周。

爵（前）
商代后期

本器柱近流部，柱帽较原始，形制近于安阳三家庄M3出土之爵（《考古1983年2期128页图四：2》），为商代后期较早之器。

夔纹盉
本器应即183之盉。

几何纹壶
即269之壶。

罍
商代后期
《邺二》上37

本器（附图327.2）近似安阳殷墟小屯M18和大司空M539所出罍（《铜全》三，79、80），为商代较早形态之铜罍。

曲内戈
商代后期或稍晚

似有鐏和秘冒，二穿，内末端作兽首形，口向下。内之特征近似江西新干大墓出土戈（《新干》彩版二八：1）和湖南宁乡七里山乡出土之戈（《宁乡》77页）。还近于滕州前掌大M49所出戈（《前掌大》图二二七：八）。

涡纹钺
商代后期

这类钺为商代后期较常见之物，见于安阳殷墟大司空M663和戚家庄M269等（《考古》1998年10期837页图一九；《殷研》彩版二〇）。

鍑
北朝

敛口，鼓腹，肩部有两个小耳，镂空高圈足。山西太原北齐天统三年（567年）库狄业墓所出铜鍑形制与其近似（《文物》2003年3期32页图二三）。在太原北齐武平元年（570年）东安王娄睿墓壁画中，也绘有一件这类铜鍑的形象。

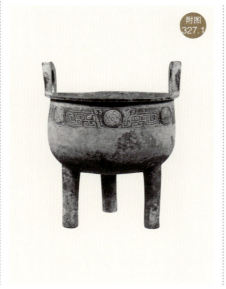

附图327.1

附图327.2

▌带钩 （10件）/ 329

东周

　　10件带钩可分5类：

　　第一类是左前方之兽形带钩，时代为春秋晚期或稍晚，多见于今北京及相邻的河北张家口地区，如河北怀来甘子堡所出带钩（《铜全》十五，78）。

　　第二类是左一和右一之带钩，呈琵琶形，为战国时期常见之带钩。

　　第三类是左二和右二之带钩，呈条状。后者似有"螺旋"样纹饰，风格近于陕西咸阳塔儿坡墓地所出之"BI式"带钩（《塔儿坡》图版五二：6），也当是战国晚期之错银带钩。

　　第四类是左三和右三之带钩，大致呈条状，但形制复杂。右三带钩风格近于长沙楚墓和西安北郊出秦墓土的几件带钩（《长沙》图二四〇：3、4；《北郊》图一九六），时代当战国中晚期。Cunliffe 勋爵旧藏和纳尔逊—阿

特金斯美术馆也各有一件这样的带钩（ACB，B右，《遗珍二》143右）。

　　第五类是中间三件带钩，形制纹饰接近，当为错金银带钩。这类带钩在瑞典Wessén旧藏中有两件（Wessén，50a），印第安纳波利斯

艺术博物馆也藏有一件（Eli Lilly，Plate40）；近似之考古发掘品可举出侯马乔村M753所出带钩（《乔村》图二二七）。

▌镈、鼎（6件）、爵（2件）、壶、佛像 / 330

镈

春秋晚期

　　本器之钮作两兽正首相对状，近似《邺初》上1之镈，也近于《综览三》镈18、21二器（分别藏于西雅图艺术博物馆和哈佛大学艺术博物馆）。

饕餮纹鼎（后左）

商代后期

　　本器腹较深；腹部饕餮纹较宽，饕餮之目偏下；三足上粗下细。这些特征近于河北武安赵窑商墓所出鼎（《邯精》42）和《综览一》鼎19，为商代后期较早之器。

饕餮纹鼎（前中）

西周早期

　　索状耳，器口截面非正圆形，具有西周早期特征。

饕餮纹分裆鼎（中左二）

商代后期

鼎（3件）

商代后期—西周早期

　　3件铜鼎纹饰均难以确定。后排右之鼎似为饕餮纹鼎，据形制可断为西周早期器。中排二鼎从形制看似均为商代后期器。

爵（2件）

商代后期

　　二器纹饰不清，看形制均似商代后期器。

方壶

战国晚期—西汉

　　本器似有铺首，环已失。形制近似283方壶。

佛立像

北魏

　　上部为舟形佛光，边缘饰飞天，中央残留佛首。下部残存莲花纹佛座。大都会艺术博物馆藏金铜佛立像

一铺，高57厘米。佛光周围饰以飞天，与照片中的佛光装饰风格近似（《佛珍》446页）。

鼎（4件）
商代后期—西周中期

下排四件鼎中，左二为饕餮纹分裆鼎，足较高，但上粗下细，在分裆鼎中时代较晚，约在商周之际或西周早期。其余三鼎纹饰不清，从形制看，左一当为商代后期，可能即330中排右二之鼎；右一似为西周早期器；右二垂腹较甚，为西周中期器。

方格乳丁纹簋
商末周初

本器乳丁尖锐，壁较薄。这类簋商末周初流行于关中地区。

窃曲纹簋
西周晚期

口沿下纹饰不清，器身饰瓦棱纹，圈足下无小足（或足残），珥较小，形制同于荣厚旧藏之郑虢仲簋（附图331.1，《冠斝》上23），二者可能是同一器。

鸮卣
商代后期

本器鸮面下凹，喙上翘，特征近似英国剑桥大学菲兹威廉博物馆所藏鹖卣（附图331.2。《铜全》三，138），可能是同一器。也近于卢芹斋旧藏鸮卣（《美集录》A572，现藏辛辛那提艺术博物馆）。

瓠
商代后期或西周早期

本器较细，无足缘，形制特殊，年代可能较晚。

弦纹斝（中排左二）
商代后期或西周早期

足较粗，腹部有双"人"形弦纹，伞形柱帽，形制近于折斝（《周原》513页）和小臣邑斝（《综览一》斝85）。

斝（2件）
商代后期

二器为细足，菌形柱帽，近似安阳殷墟徐家桥综合楼M1出土斝（《殷新》227）和旅顺博物馆所藏奚斝（《旅博》33）。

附图331.2

附图331.1

▌ 觚 （13件？）／332

　　觚至少有13件。纹饰无法看清。大致可分为两类：上排左一、右二和下排左起4件及右二觚腹部和圈足均有矮扉，风格近于152两觚和239左觚；其余觚无扉，腹部以上多有两道弦纹，形态各异。上排中觚（左三觚）风格近于右守觚（《流散》220）。

▌ 觚 （14件）／333

　　这些觚纹饰多难以看清，其中个别较粗者（如后排中之觚）可能早到商代前期，或有晚至西周者。

▌鸮卣 / F1

本器即208卣。

▌饕餮纹觥 / F2

西周早期

本器为方觥，形制纹饰近似美国佛利尔美术馆所藏匬觥（附图F2.1。*Freer1967, Plate44*）。西周早中期，觥一般与同铭之尊、方彝形成固定组合。如折觥、折尊和折方彝（《铜全》五，102、154、130）；日己觥、日己尊和日己方彝（《铜全》"五，".107、162、135）。也有只见同铭觥、方彝或尊、方彝者，如匬觥、匬方彝（2件。《泉屋》105；《集成》9884）；荣子尊（《铜全》五，158）、荣子方彝（2件。《美集录》A648；《铜玉》71A）；叔艅尊、叔艅方彝（*Freer1967, Plate18*;《铜全》五，132）。组合可能有缺失。上述同铭的觥、尊、方彝，纹饰也相互接近；尤其是腹部和圈足纹饰。匬觥腹部和圈足分别饰饕餮纹和折尾鸟纹，同于匬方彝；若有与本器相配之方彝，则其形制纹饰应近似匬方彝。叔艅方彝正近似匬方彝，本器不排除是迄今仍未被所知的叔艅觥的可能性。

附图 F2.1

▌窃曲纹方壶 / F3

西周晚期或春秋早期

本器形制纹饰同于105方壶，但双耳有衔环。

▌嵌红铜狩猎宴射纹壶 / F4

本器即281左壶。

引用书简称表

中文	
《安铜》	安阳市文物工作队、安阳市博物馆：《安阳殷墟青铜器》，中州古籍出版社，1993年。
《包山》	湖北省荆沙铁路考古队：《包山楚墓》，文物出版社，1991年。
《北郊》	陕西省考古研究所：《西安北郊秦墓》，三秦出版社，2006年。
《北组》	石璋如：《中国考古报告集之二 小屯》（第一本）"遗址的发现与发掘·丙编"《殷墟墓葬之一 北组墓葬》，中研院历史语言研究所，1970年。
《辨伪》	王文昶：《青铜器辨伪三百例》，故宫出版社，2009年。
《长沙》	湖南省博物馆等：《长沙楚墓》，文物出版社，2000年。
《大河口》	山西省考古研究所等：《呦呦鹿鸣——燕国公主眼里的霸国》，科学出版社，2014年。
《分期断代》	王世民、陈公柔、张长寿：《西周青铜器分期断代研究》，文物出版社，1999年。
《凤翔》	凤翔县博物馆：《凤翔遗珍——凤翔县博物馆藏品精粹》，三秦出版社，2012年。
《佛珍》	金申：《海外及港台藏历代佛像珍品纪年图鉴》，山西人民出版社，2007年。
《高家堡》	陕西省考古研究所：《高家堡戈国墓》，三秦出版社，1995年。
《高台》	湖北省荆州博物馆：《荆州高台秦汉墓》，科学出版社，2000年。
《戈戟》	井中伟：《早期中国青铜戈·戟研究》，科学出版社，2011年。
《故镜》	郭玉海：《故宫藏镜》，紫禁城出版社，1996年。
《故铜》	故宫博物院：《故宫青铜器》，紫禁城出版社，1999年。
《故像》	故宫博物院：《故宫博物院藏品大系·雕塑编6·金石造像》，紫禁城出版社，2009年。
《郭家庄》	中国社会科学院考古研究所：《安阳郭家庄商代墓葬》，中国大百科全书出版社，1998年。
《国博》	《中国国家博物馆古代艺术系列丛书·中国古代青铜器艺术》，中国社会科学出版社，2011年。
《冠斝》	梅原末治：《冠斝楼吉金图》，1947年。
《邯精》	邯郸市文物研究所：《邯郸文物精华》，文物出版社，2005年。
《汉丹》	湖北省文物局：《汉丹集萃：南水北调工程湖北库区出土文物图集》，文物出版社，2009年。
《河北》	河北省博物馆、文物管理处：《河北省出土文物选集》，文物出版社，1980年。
《河铜》	《河南出土商周青铜器》编辑组：《河南出土商周青铜器（一）》，文物出版社，1981年。
《和尚岭》	河南省文物考古研究所等：《淅川和尚岭与徐家岭楚墓》，大象出版社，2004年。
《湖镜》	湖南省博物馆：《湖南出土铜镜图录》，文物出版社，1960年。
《湖铜》	熊建华：《湖南商周青铜器研究》，岳麓书社，2013年。
《花东墓》	中国社会科学院考古研究所：《安阳殷墟花园庄东地商代墓葬》，科学出版社，2007年。
《集成》	中国社会科学院考古研究所：《殷周金文集成》（修订增补本），中华书局，2007年。
《甲乙墓》	河南博物院等：《辉县琉璃阁甲乙二墓》，大象出版社，2003年。
《金研》	齐东方：《唐代金银器研究》，中国社会科学出版社，1999年。
《晋铜》	李夏廷、李劭轩：《晋国青铜器艺术图鉴》，文物出版社，2009年。
《京铜》	《北京文物精粹大系》编委会、北京市文物局：《北京文物精粹大系·青铜器卷》，北京出版社，2002年。
《经眼录》	[英]朱塞佩·埃斯卡纳齐：《中国艺术品经眼录——埃斯卡纳齐的回忆》，上海书画出版社，2015年。

《旌介》	山西省考古研究所:《灵石旌介商墓》,科学出版社,2006年。
《历博》	《青铜器:中国历史博物馆藏》(明信片),文物出版社,1965年。
《流散》	刘雨、汪涛:《流散欧美殷周有铭青铜器集录》,上海辞书出版社,2007年。
《琉璃河》	北京市文物研究所:《琉璃河西周燕国墓地》,文物出版社,1995年。
《洛铜》	洛阳师范学院等:《洛阳出土青铜器》,紫禁城出版社,2006年。
《旅博》	旅顺博物馆:《旅顺博物馆馆藏文物选粹·青铜器卷》,文物出版社,2008年。
《满城》	河北博物院等:《河北博物院基本陈列·大汉绝唱 满城汉墓》,文物出版社,2014年。
《美集录》	中国社会科学院考古研究所编(陈梦家著)《美帝国主义劫掠的我国殷周铜器集录》,科学出版社,1962年。
《梦郼》	罗振玉:《梦郼草堂吉金图(附续编)》,1917年(台联国风出版社1978年版)。
《铭图》	吴镇烽:《商周青铜器铭文暨图像集成》(35册),上海古籍出版社,2012年。
《宁乡》	炭河里遗址管理处等:《宁乡青铜器》,岳麓书社,2014年。
《齐墓》	山东省文物考古研究所:《临淄齐墓(第一集)》,文物出版社,2007年。
《前掌大》	中国社会科学院考古研究所:《滕州前掌大墓地》,文物出版社,2005年。
《乔村》	山西省考古研究所:《侯马乔村墓地(1959—1996)》,科学出版社,2004年。
《曲村》	北京大学考古系商周组:《天马—曲村(1980—1989)》,科学出版社,2000年。
《山琉》	郭宝钧:《山彪镇与琉璃阁》,科学出版社,1959年。
《陕北》	曹玮主编《陕北出土青铜器》(五卷),巴蜀书社,2009年。
《陕铜》	陕西省考古研究所等:《陕西出土商周青铜器》(四册),文物出版社,1979~1984年。
《陕县》	中国社会科学院考古研究所:《陕县东周秦汉墓》,科学出版社,1994年。
《商酒》	"国立故宫博物院"编辑委员会:《商周青铜酒器》,"国立故宫博物院",1989年
《商礼》	陈芳妹:《故宫商代青铜礼器图录》,"国立故宫博物院",1998年。
《商粢》	《商周青铜粢盛器特展图录》,"国立故宫博物院",1985年。
《上博》	陈佩芬:《夏商周青铜器研究——上海博物馆藏品》,上海古籍出版社,2004年。
《上马》	山西省考古研究所:《上马墓地》,文物出版社,1994年。
《滕稿》	孙海波:《河南吉金图志滕稿》,1939年(台联国风出版社1978年版)。
《十二家》	商承祚:《十二家吉金图录》,1935年(《金文文献集成》收录)。
《首师》	首都师范大学历史系:《首都师范大学历史博物馆藏品图录》,科学出版社,2004年。
《双古》	于省吾:《双剑誃古器物图录》,1940年(中华书局2009年版)。
《双吉》	于省吾:《双剑誃吉金图录》,1934年(中华书局2009年版)。
《塔儿坡》	咸阳市文物考古研究所:《塔儿坡秦墓》,三秦出版社,1998年。
《体路西》	洛阳市文物工作队:《洛阳体育场路西东周墓发掘报告》,文物出版社,2011年。
《太清宫》	河南省文物考古研究所、周口市文化局:《鹿邑太清宫长子口墓》,中州古籍出版社,2000年。
《通考》	容庚:《商周彝器通考》,1941年(中华书局2012年版)。
《铜刀》	吕学明:《中国北方地区出土的先秦时期铜刀研究》,科学出版社,2010年。
《铜镜》	孔祥星、刘一曼:《中国古代铜镜》,文物出版社,1984年。

《铜全》	中国青铜器全集编辑委员会：《中国美术分类全集·中国青铜器全集》（16卷），文物出版社，1995–1998年。
《铜生》	杜迺松主编《故宫博物院藏文物珍品大系·青铜生活器》，上海科学技术出版社、商务印书馆（香港）有限公司，2007年。
《铜铸》	宝鸡青铜器博物院：《青铜铸文明》，世界图书出版公司，2010年。
《童梦2013》	童梦艺术2013年秋季拍卖会图录
《皖南》	安徽大学、安徽省文物考古研究所：《皖南商周青铜器》，文物出版社，2006年。
《西安铜》	西安市文物保护研究所：《西安文物精华·青铜器》，世界图书出版公司，2005年。
《下寺》	河南省文物研究所等：《淅川下寺春秋楚墓》，文物出版社，1991年。
《辛村》	郭宝钧：《浚县辛村》，科学出版社，1964年。
《新干》	江西省博物馆等：《新干商代大墓》，文物出版社，1997年。
《新郑》	河南博物院等：《新郑郑公大墓青铜器》，大象出版社，2001年。
《杏园》	中国社会科学院考古研究所：《偃师杏园唐墓》，科学出版社，2001年。
《寻珍》	李学勤：《四海寻珍——流散文物的鉴定与研究》，清华大学出版社，1998年。
《燕园》	北京大学考古系：《燕园聚珍——北京大学赛克勒考古与艺术博物馆展品选粹》，文物出版社，1992年。
《叶家山》	湖北省博物馆等：《随州叶家山西周早期曾国墓地》，文物出版社，2013年。
《邺初》	黄濬：《邺中片羽初集》，1935年。
《邺二》	黄濬：《邺中片羽二集》，1937年。
《邺三》	黄濬：《邺中片羽三集》，1942年。
《遗珍》	"国立故宫博物院"编辑委员会：《海外遗珍·铜器一》，1985年。
《遗珍二》	"国立故宫博物院"编辑委员会：《海外遗珍·铜器二》，1988年。
《遗珠》	李学勤、艾兰：《欧洲所藏中国青铜器遗珠》，文物出版社，1995年。
《殷粹》	李永迪编《殷墟出土器物选粹》，中研院历史语言研究所，2009年。
《殷铜》	中国社会科学院考古研究所：《殷墟青铜器》，文物出版社，1985年。
《殷新》	中国社会科学院考古研究所、安阳市文物考古研究所：《殷墟新出土青铜器》，云南人民出版社，2008年。
《殷研》	孟宪武：《安阳殷墟考古研究》，中州古籍出版社，2003年。
《殷玉》	中国社会科学院考古研究所：《安阳殷墟出土玉器》，科学出版社，2005年。
《应墓》	河南省文物考古研究所、平顶山市文物管理局：《平顶山应国墓地I》，大象出版社，2012年。
《강墓》	卢连成、胡智生：《宝鸡강国墓地》，文物出版社，1988年。
《张家坡》	中国社会科学院考古研究所：《张家坡西周墓地》，中国大百科全书出版社，1999年。
《赵家湖》	湖北省宜昌地区博物馆、北京大学考古系：《当阳赵家湖楚墓》，文物出版社，1992年。
《浙镜》	王士伦、王牧：《浙江出土铜镜》（修订本），文物出版社，2006年。
《贞松》	罗振玉：《贞松堂吉金图》，1935年（台联国风出版社1978年版）。
《中山国》	河北博物院等：《河北博物院基本陈列·战国雄风 古中山国》，文物出版社，2014年。
《中州路》	中国科学院考古研究所：《洛阳中州路（西工段）》，科学出版社，1959年。
《周原》	曹玮主编《周原出土青铜器》（10册），巴蜀书社，2005年。
《嘴子前》	烟台市博物馆、海阳市博物馆：《海阳嘴子前》，齐鲁书社，2002年。
《尊古》	黄濬：《尊古斋所见吉金图初集》，1936年（台联国风出版社1976年版）。

	日文
《出光1978》	出光美術館:《中國古代の美術》, 1978。
《出光1989》	《出光美術館藏品図録・中國の工芸》, 平凡社, 1989。
《根津1971》	樋口隆康:《根津美術館藏品2・商周の銅器》, 1971。
《根津2009》	《館藏殷周の青銅器》, 根津美術館, 2009。
《金村》	梅原末治:《增訂洛陽金村古墓聚英》, 小林出版部, 1943。
《美术》	金子重隆訳《中國美術(銅器・玉器・彫刻・陶磁)》, 美術出版社, 1963。
《奈良》	奈良国立博物館:《奈良国立博物館藏品図版目録・中國古代青銅器篇》, 2005。
《骑马民族》	《大草原の騎馬民族——中国北方の青銅器》, 東京国立博物館, 1997。
《泉屋》	泉屋博古館:《泉屋博古・中國古銅器編》, 2003。
《泉屋名品》	泉屋博古館:《泉屋博古館名品選》, 2002。
《松冈》	《開館記念名品図録》, 松岡美術館, 1975。
《天理》	天理大学、天理教道友社:《天理大学附属天理参考館藏品・殷周の文物》, 1986。
《铜玉》	水野清一:《殷周青銅器と玉》, 日本経済新聞社, 1959。
《遗宝》	梅原末治:《河南安陽遺寶》, 1940年(同朋舍1984版)。
《遗物》	梅原末治:《河南安陽遺物の研究》, 1941年(同朋舍1984版)。
《战国式》	梅原末治:《戰國式銅器の研究》, 1936年(同朋舍1984版)。
《综览一》	林巳奈夫:《殷周時代青銅器の研究——殷周青銅器綜覽一》, 吉川弘文館, 1984。
《综览三》	林巳奈夫:《春秋戰國時代青銅器の研究——殷周青銅器綜覽三》, 吉川弘文館, 1989。
	英文及其他
ACB	William Watson, *Ancient Chinese Bronzes*, Faber&Faber, 1962.
Ashmolean	Helen Loveday, *Chinese Bronzes in the Ashmolean Museum*, Ashmolean Museum, 1990.
Bronzen	Helmut Brinker, *Bronzen aus dem alten China* (中國古銅器), Museum Rietberg Zurich, 1975/1976.
Brundage1966	René-Yvon Lefebvre d'Argencé, *Ancient Chinese Bronzes in the Avery Brundage Collection*, 1966.
Brundage1977	René-Yvon Lefebvre d'Argencé, *Bronze Vessels of Ancient China in the Avery Brundage Collection*, Asian Art Museum of San Francisco, 1977.
CA	Andre Leth, *Chinese Art: A Selection of the Exhibits Shown at the Museum of Decorative Arts Copenhagen 1950*, Copenhagen, 1953.
CB	Mario Bussagli, *Chinese Bronzes* (Translated by Pamela Swinglehurst from the Italian original), Hamlyn House, 1969.
CBA	Jassica Rawson, *Chinese Bronze: Art and Ritual*, 1987.
Christie's 2013	*Important Chinese Archic Bronzes from a Distinguished Private Collection*, Christie's, New York, 19 September, 2013.
Eli Lilly	Yutaka Mino and James Robinson, *Beauty and Tranquility: The Eli Lilly Collection of Chinese Art*, Indianapolis Museum of Art, 1983.
Eskenazi1989	*Eskenazi: The Collection of ritual bronze vessels, weapons, gilt bronzes, mirrors and ceramics formed by Dr Franco Vannotti;The ritual bronze fang yi and Korean ceramics from the Hans Popper collection;Gold and silver from the Yamaoka Seibei and other collections*, 13 June—7 July 1989.
Freer1946	*A Descriptive and Illustrative Catalogue of Chinese Bronzes: Acquired during the Administration of John Ellerton Lodge*, 1946.

Freer1967	John Alexander Pope, Rutherford John Gettens, James Cahill, Noel Barnard, *The Freer Chinese Bronzes, Volume I Catalogue*, Freer Gallery of Art, 1967.
Honolulu	Robert J. Poor, *Ancient Chinese Bronzes, Ceramics and Jade: in the Collection of the Honolulu Academy of Arts*, Honolulu, Hawaii, 1979.
Meiyintang	Wang Tao, *Chinese Bronzes from the Meiyintang Collection*, Paradou Writing, 2009.
MFEA	The Museum of Far Eastern Antiquities Bulletin No.77, *Shang Period Bronzes*, 2009.
Ornaments	George W. Weber, Jr, *The Ornaments of Late Chou Bronzes: A Method of Analysis*, Rutgers University Press, 1973.
Pictorial	Charles D. Weber, *Chinese Pictorial Bronze Vessels of the Late Chou Period*, Artitubs Asiae Publishers, 1968.
Pillsbury	Bernhard Karlgren, *A Catalogue of the Chinese Bronzes in the Alfred F. Pillsbury Collection*, Minnesota Press, 1952.
ROM	*Homage to Heaven, Homage to Earth: Chinese Treasures of Royal Ontario Museum*, 1992.
SacklerI	Robert W. Bagley, *Shang Ritual Bronzes in the Arthur M. Sackler Collections*, 1987.
SacklerII	Jessica Rawson, *Western Zhou Ritual Bronzes from the Arthur M. Sackler Collections*, 1991.
SacklerIII	Jenny So, *Eastern Zhou Ritual Bronzes from the Arthur M. Sackler Collections*, 1995.
Sackler1987	Thomas Lawton, Shen Fu, Glenn D. Lowry et al, *Asian Art in the Arthur M. Sackler Gallery: The Inaugural Gift*, 1987.
Sackler1997	Emma C. Bunker, *Ancient Bronzes of the Eastern Eurasian Steppes: from the Arthur M. Sackler Collections*, 1997.
Singer	Max Loehr, *Relics of Ancient China: From the Collection of Dr. Paul Singer*, The Asia Society, 1965.
SYT	*The Sze Yuan Tang Archaic Bronzes from the Anthony Hardy Collection*, Christie's , New York, 2010.
Wessén	Bernhard Karlgren, Jan Wigin, *Chinese Bronzes: The Natanel Wessén Collection*, 1969.
Winthrop	Max Loehr, *Ancient Chinese Jade: from the Grenville L. Winthrop Collection in the Fogg Art Museum*, Harvard University, 1975.
《铙斋》	G. Ecke, *Sammlung Lochow Chinesische Bronzen I* (《鏡齋吉金錄》) , Peking, 1943.
《使华》	G. Ecke, *Frühe Chinesische Bronzen aus der Sammlung Oskar Trautmann* (《使華訪古錄》) , Peking, 1939.

后记

《吉金萃影——贾氏珍藏青铜器老照片》共收录老照片370张，共编337号。关于照片编排顺序和编号方式，《凡例》中已有说明；这里主要介绍照片的内容和价值。

370张照片包含的信息量非常大，所摄器物约98%为青铜器；只有极少量的陶瓷器、金银器、玉器和铁器，其中玉器均为铜玉合体的兵器，将之归入青铜器亦无不可。这少数的非铜器物具有一定的学术价值，有的还与青铜器形成"合影"，因此其存在虽影响了书名的准确性，在整理时并未将它们剔除。需要说明的是，照片年代较久，有的清晰度不高，个别器物无法准确断定材质，在图版说明中已有交代。

要确切统计照片器物的数量，不是一件容易的事。相同器物常出现于不同照片中；不同照片中的器物，有的可明确为同一器，有的虽很相似，但受限于照片清晰度和器物拍摄角度，无法确定是否同一器。严谨起见，在统计时得出了高、低两个数据。高数据是器物数量的上限，不同照片中的器物明确为同一器者按一件计算，疑为同一器但不确定者，则不并算作一件；这样得出的数据是717件。铜器（包括铜玉合体之兵器）有709件，大多数都是商周时期青铜器，包含乐器（镈、钟、铎）21件、甗1

件、鬲4件、鼎89件、簋42件、簠1件、敦1件、铏3件、盖豆5件、卣38件、尊26件、觯15件、觚105件、爵55件、角4件、斝18件、觥5件、盉10件、鐎4件、壶51件、罍8件、方彝10件、勺1件、斗1件、瓿6件、缶2件、盘9件、匜1件、鉴1件、其他容器（包括量、炉、镀、卮等）11件、熏炉3件、灯4件、车马器（包括弓形器、当卢、銮、軏首、车衡饰等）38件、兵器和工具（包括钺、矛、戈、镦、剑、刀、斧等）48件、铜镜26件、带钩带扣18件、佛造像4件、其他器物（用途可知者有器座、钱范、炭扒等）20件。金银器、铁器和陶瓷器共8件。低数据是大致的下限，是将不同照片中所有怀疑为同一器者，均按一件计算，这样得出的数字为684；这并非准确的下限，因为有些照片中的器物太过模糊（或因拍摄器物太多，单件器物太小；或因照片本身质量较低），无法确定是否还出现在其他照片中。总之，《吉金萃影》中所包含的器物数量大致在700件左右。

这700件左右的器物，在图版说明中都进行了介绍。迄今有来源去向或著录信息的器物有109件，其信息见下表。表中的"旧藏"和"现藏"信息均以现在为时间基点。需要说明的是，因我们掌握的资料有限，表中信息可能有不准确或过期者。而这109件之外的铜器，也有近70件可能是已知的某器物，有的几乎可以确定；但因未有百分之百的证据，谨慎起见，未列入表中，详细信息可参考图版说明。

序号	名称	旧藏	现藏	入藏时间	备注
003	眉寿钟	叶东卿、刘喜海			
006	饕餮纹甬钟	赛克勒	赛克勒美术馆	1987	
009	蟠螭纹镈	赛克勒	赛克勒美术馆	1987	
010	饕餮纹镈	皮尔斯伯里	明尼阿波利斯艺术博物馆	1950	
013	蟰方鼎	卢芹斋	大都会艺术博物馆	1943	1941年收入纽约卢芹斋图录
016	箙鼎		北京大学赛克勒考古与艺术博物馆	1991	1942著录于《邺三》
018	寏鼎	卢芹斋			1939年收入纽约卢芹斋图录
023	饕餮纹鼎	赛克勒	赛克勒美术馆	1987	
024	蟠虺纹鼎	赛克勒	赛克勒美术馆	1987	
026	错金银龙纹鼎（盖）	皮尔斯伯里	明尼阿波利斯艺术博物馆	1950	传洛阳金村出土 1939年收入纽约卢芹斋图录
027	蟠螭纹方鼎	商承祚	泉屋博古馆		1935年著录于《十二家》
029	亦车簋	卢芹斋	佛利尔美术馆	1941	
030	鸢簋	卢芹斋、温索浦	哈佛大学艺术博物馆	1943	
031	饕餮纹簋	希拉曼尼克	檀香山艺术博物馆	1967	
032	饕餮纹三耳簋		故宫博物院	1959	北京市文化局调拨
033	乙戈簋				1942年著录于《邺三》
035	中簋	荣厚	清华大学图书馆		1947年著录于《冠斝》
036	敚簋	荣厚	故宫博物院	1954	1947年著录于《冠斝》
038	饕餮纹方座簋		泉屋博古馆		
040	涡形纹豆	卢芹斋、布伦戴奇	旧金山亚洲艺术博物馆		1941年归卢芹斋
041	兽纹豆		檀香山艺术博物馆	1972	
042	散虺纹豆		故宫博物院	1958	国家文物局调拨
043	刻纹铏		上海博物馆		
045	饕餮纹方卣		东京国立博物馆		
046	牛鸮卣	杜克			
052	父乙卫典卣				1935年著录于《邺初》
053	伯貉卣				铭文最早著录于《三代吉金文存》
055	伯彭父卣	Wells	托莱多艺术博物馆	1938	
056	"作旅彝"卣	巴莱尔	格拉斯哥博物馆美术馆		

061	子[⿱⿵勹日]卣		出光美术馆		
065	饕餮纹尊	通运公司、皮尔斯伯里	明尼阿波利斯艺术博物馆	1950	1940年归皮尔斯伯里
069	[⿱爪册]冨方尊	卢芹斋			1941年收入纽约卢芹斋图录
072	[⿰弓口]作父辛尊	端方、冯恕、于省吾			1940年著录于《双古》
073	亚貘父丁尊	卢芹斋	佛利尔美术馆	1944	
077	禽尊	卢芹斋、马丁			1940年收入纽约卢芹斋图录
078	禽尊	卢芹斋、Eli Lally	印第安纳波利斯艺术博物馆	1948	
079	亚吴父乙觯	卢芹斋、布伦戴奇	旧金山亚洲艺术博物馆		
082	车斻觚	卢芹斋	纳尔逊—阿特金斯艺术博物馆		
084	[⿱西甘]觚	通运公司、白金汉	芝加哥艺术博物馆	1946	
086	饕餮纹觚	尊古斋、卢芹斋、布伦戴奇	旧金山亚洲艺术博物馆		1944年收入纽约卢芹斋图录
087	[⿴凵凵]觚	罗比尔、斯奈德	圣迭戈艺术博物馆		
090	人面盖盉	卢芹斋	佛利尔美术馆	1942	
092	[⿱尧土]父乙盉	清宫、王锡荣、卢芹斋、布伦戴奇	旧金山亚洲艺术博物馆		1941年收入纽约卢芹斋图录
094	波带纹盉		藤井有邻馆		
095	乐孝子盉	赵氏山海楼	玫茵堂		
096	北单戈壶	浅野	出光美术馆		
097	兴壶	卢芹斋	皇家安大略省博物馆		
098	兴壶	卢芹斋			1941年收入纽约卢芹斋图录
101	鸟纹方壶	布伦戴奇	旧金山亚洲艺术博物馆		
104	鸟纹方壶	莱奥·维尔斯夫妇			
106	方壶	卢芹斋、布伦戴奇	旧金山亚洲艺术博物馆		
114	饕餮纹方彝	Lidow夫妇	洛杉矶郡艺术博物馆		
117	交龙纹缶	卢芹斋、布伦戴奇	旧金山亚洲艺术博物馆		1941年归卢芹斋
128	饕餮纹方镜		泉屋博古馆		
133	吕氏镜		故宫博物院		
145	叔龟鼎		故宫博物院		1935年著录于《邺初》
150	力册父丁瓿	卢芹斋、皮尔斯伯里	明尼阿波利斯艺术博物馆		1938年归皮尔斯伯里
165	嵌绿松石曲内戈		佛利尔美术馆	1939	
168	杜氏镜		故宫博物院		
172	[⿱人人]簋	卢芹斋、温索浦	哈佛大学艺术博物馆	1943	
174	亚戈父己鼎	卢芹斋、皮尔斯伯里	明尼阿波利斯艺术博物馆	1950	1941归皮尔斯伯里
175	鸟纹鼎	Raphael	大英博物馆	1945	

181	⊗ 鼎	尊古斋、Komor、伏克			1942年著录于《邺三》
187	夔纹鼎	赛克勒	赛克勒美术馆	1987	
193	冀父丁觯	叶志诜、卢芹斋、布伦戴奇			
204	鳌司土幽尊	刘体智	故宫博物院	1954	由北京市文物局调拨
206	旅尊	卢芹斋、皮尔斯伯里	明尼阿波利斯艺术博物馆	1950	1941年归皮尔斯伯里
208	牛形器座	皮尔斯伯里	明尼阿波利斯艺术博物馆	1950	
208	鸮尊	卢芹斋	佛利尔美术馆	1942	
225	蛇纹銎内钺	温索浦	哈佛大学艺术博物馆	1943	
227	鄉工王亚寰鼎		中国国家博物馆		1942年著录于《邺三》
235	亚貘方鼎		中国国家博物馆		
240	饕餮纹鬲	卢芹斋、埃斯肯纳齐、思源堂			1939年收入纽约卢芹斋图录
245	鸟形足蝉纹鼎	埃斯肯纳齐	玫茵堂		
245	卣	许延暄、叶恭绰	上海博物馆		
246	羞方鼎	卢芹斋、Erickson	大都会艺术博物馆	1985	
247	+爵				1942年著录于《邺三》
252	牛首銎内蝉纹戈	山中商会、温索浦	哈佛大学艺术博物馆	1943	1941年由山中商会在纽约卖出
253	父庚鼎	端方、刘体智、于省吾			1940年著录于《双古》
254	光父盉	布伦戴奇	旧金山亚洲艺术博物馆		
255	腐册父庚壶	顾恺时、成言嘉	上海博物馆		
256	刀		故宫博物院		
262	饕餮纹觚				1988年和2013年分别见于伦敦苏富比行和纽约佳士得行
263	或爵	卢芹斋、康恩			1940年收入纽约卢芹斋图录
272	亚曽父己觚				1942年著录于《邺三》
276	饕餮纹方彝		故宫博物院	1960	北京市文化局调拨
277	匿斝	甘浦斯	赛克勒美术馆	1987	
277	鸢爵	梁上椿	上海博物馆		1942年著录于《邺三》
281	嵌红铜狩猎宴射纹壶		出光美术馆		
281	嵌红铜鸟兽纹壶	Vannotti、埃斯肯纳齐			
282	饕餮纹方彝	埃斯肯纳齐			
282	铜骹玉矛				1942年著录于《邺三》
285	雷纹贯耳壶	于省吾、卢芹斋、皮尔斯伯里	明尼阿波利斯艺术博物馆	1950	1939年归皮尔斯伯里

285	铜内玉援戈	温索浦	哈佛大学艺术博物馆	1943	
286	兵战狩猎采桑纹高柄方壶	罗比尔			
286	兽首铜饰		旧金山亚洲艺术博物馆		
293	饕餮纹觚	卢芹斋、Vannotti、埃斯肯纳齐			1947年由巴黎卢芹斋售出
297	来卣	于省吾			1940年著录于《双古》
300	叔⬚方鼎	刘体智、Weber	大都会艺术博物馆	1988	著录于《善斋吉金录》
306	嵌绿松石铜骹玉矛	温索浦	哈佛大学艺术博物馆	1943	
308	亚矱父丁角		出光美术馆		
310	嵌绿松石夔形内玉援戈	温索浦	明尼阿波利斯艺术博物馆		
312	八角星纹弓形器	辛格	赛克勒美术馆	2012	
318	饕餮纹钺（2件）	温索浦	哈佛大学艺术博物馆	1943	
318	方格纹觯	Badatich			
321	母心鼎	伍德夫人			
323	凸钮圆首刀		赛克勒美术馆		
327	⬚罍				1937年著录于《邺二》
328	凸钮圆首刀	温索浦	哈佛大学艺术博物馆	1943	

　　从上表可知，109件铜器有81件现在国内外博物馆等收藏和研究机构，其中国内17件（分藏故宫博物院、上海博物馆、中国国家博物馆、北京大学赛克勒考古与艺术博物馆、清华大学图书馆），美国50件（分藏明尼阿波利斯艺术博物馆、旧金山亚洲艺术博物馆、赛克勒美术馆、哈佛大学艺术博物馆、佛利尔美术馆、大都会艺术博物馆、檀香山艺术博物馆、印第安纳波利斯艺术博物馆、纳尔逊—阿特金斯艺术博物馆、芝加哥艺术博物馆、洛杉矶郡艺术博物馆、圣迭戈艺术博物馆、托莱多艺术博物馆），日本9件（分藏出光美术馆、泉屋博古馆、东京国立博物馆、藤井有邻馆），英国

2件（分藏大英博物馆和格拉斯哥博物馆美术馆），瑞士2件（藏玫茵堂），加拿大1件（藏皇家安大略省博物馆）。收藏最多者为故宫博物院、明尼阿波利斯艺术博物馆和旧金山亚洲艺术博物馆，各有9件。这些统计数据得自于我们目前掌握的有限信息，照片中的器物入藏上述各博物馆者或其他博物馆的实际数量肯定要更多。109件铜器中，至少有29件经卢芹斋之手卖出，实际则更多；还有少数曾经山中商会、通运公司等古董商号之手。中国青铜器流散海外，主要就是拜他们所赐。早期的主要收藏家有美国的温索浦、皮尔斯伯里和布伦戴奇，三人的多数藏品后分别入藏哈佛大学艺术

博物馆、明尼阿波利斯艺术博物馆和旧金山亚洲艺术博物馆。

上表还显示，许多器物在1940年之前即已流散到国外。如055伯彭父卣1938年即入藏托莱多艺术博物馆，150力册父丁瓿于1938年归皮尔斯伯里收藏，240饕餮纹鬲1939年已在纽约，165嵌绿松石曲内戈也在1939年为佛利尔美术馆所有。至迟到1943年已流散国外的铜器也不少。这些信息有助于判断本书照片的拍摄年代；可以明确许多照片至迟摄于上世纪30年代末或40年代初，这可能也是大宗照片的拍摄时期。

值得注意的是，照片中的器物，有的来自或可能来自民国时期发现的重要考古遗址，如浚县辛村、洛阳金村、寿县李三孤堆、新郑李家楼等。照片在某种程度上见证了民国时期的考古史。

贾氏所藏的这批老照片对青铜器研究具有重要的学术价值，主要表现在下述三点。

（一）补充了部分铜器的器形资料。如003眉寿钟清末曾为叶东卿、刘喜海所藏，但后来去向不明，只传下铭文和部分纹饰的拓片；053伯貉卣也只有铭文拓片传世。照片可补其器形之缺。

（二）显示了部分青铜器的早期状态。如221、254光父盉，流传后经过了除锈和清洗，照片则保留了其最早的锈蚀状况。101鸟纹方壶，现藏旧金山亚洲艺术博物馆，只颈、肩间有耳，但从照片看，其在圈足和下腹间原也有两耳，后不知何原因失却。087罕，《美集录》收录时已配有双立鸟的盖，但照片显示其原盖上无立鸟而有环钮（？），说明立鸟盖系经改制或后配。

（三）发表了一批重要青铜器的资料。照片中的许多器物都未见著录，其中有的非

常重要。如015鼎是一件罕见的商代后期偏早时期的铜鼎，其索状立耳的特征从未见于已知铜器。047卣提梁两端为作蛙形，是目前仅见的有这类提梁的扁体圈足卣。122龙纹弓形器，首为圆勺形，器形罕见，铸造精美。129镜是一面罕见的四兽纹镜，其四兽以口含尾相连，而其他的四兽纹镜之四兽基本都是以爪抓尾相连。其他如080龙纹爵、118蟠虺纹缶、162虎形足壶、185夔纹方鼎、186饕餮纹方彝、228饕餮纹扁足鼎、F3饕餮纹觚等，均是商周青铜器中的精品。

《吉金萃影》老照片的整理和图版说明的撰写，由贾文忠、贾树统筹规划。李学勤先生自始至终给予了精心指导，并为本书撰写了序言。李伯谦、朱凤瀚先生也慷慨赐序，为本书增色不少。

图版说明由中国国家博物馆学术研究中心冯峰和霍宏伟撰写，其中冯峰负责商周时期器物，霍宏伟负责魏晋以后的器物，秦汉时期器物则由二人共同负责。中国国家博物馆保管一部田率先生曾对照片中的器物做了初步整理，大致进行了断代并标注了部分器物的流传信息，为整理工作奠基了基础；并对图版说明的写作提出了宝贵的意见和建议。北京大学考古文博学院曹大志先生和山西大学历史文化学院陈小三先生审阅了图版说明的校样。曹大志先生补充了数件器物的收藏信息，纠正了文稿中的一些失误；陈小三先生也指出了校样中存在一些问题，并提出了中肯的修改意见。

编者

2016年8月